Bénédictions multipliées

Dix-huit courtes lectures

AF360456

Édouard Hoare

Writat

Cette édition parue en 2024

ISBN : 9789359946801

Publié par
Writat
email : info@writat.com

Selon les informations que nous détenons, ce livre est dans le domaine public.
Ce livre est la reproduction d'un ouvrage historique important. Alpha Editions
utilise la meilleure technologie pour reproduire un travail historique de la même
manière qu'il a été publié pour la première fois afin de préserver son caractère
original. Toute marque ou numéro vu est laissé intentionnellement pour préserver
sa vraie forme.

Contenu

PRÉFACE

CES courtes lectures, maintenant publiées pour la première fois, sont des extraits des sermons écrits de feu le révérend E. Hoare, vicaire de Holy Trinity, Tunbridge Wells de 1853 à 1894, et de l'hon. Chanoine de Cantorbéry. Ils sont tirés mot pour mot de son MSS original et ont été sélectionnés en vue d'apporter une aide pratique dans la vie chrétienne. Beaucoup d'entre eux ont été écrits il y a longtemps, mais les obstacles et les difficultés que rencontre le chrétien restent à peu près les mêmes, et nous espérons que les pages suivantes pourront être utilisées par Dieu pour présenter au lecteur le Seigneur Jésus-Christ comme le Sauveur, le Guide, et Aide.

KA

BÉNÉDICTIONS MULTIPLIÉES

« Tu es ma cachette ; Tu me préserveras des ennuis ; Tu m'entoureras de chants de délivrance.

« Je t'instruirai et t'enseignerai le chemin que tu dois suivre : je te guiderai de mon œil. » — Ps. xxxii. 7, 8.

EH BIEN , en effet, le Psalmiste peut-il dire : « Bienheureux celui dont la transgression est pardonnée », car toute bénédiction afflue dans l'âme comme conséquence du pardon divin. Le mot en hébreu rendu par « Bienheureux » est au pluriel, pour montrer qu'il n'y a pas une seule bénédiction, mais des bénédictions et des miséricordes multipliées, toutes jaillissant de cette source unique, le pardon des péchés. Lorsque David a écrit ces mots, il en a senti la vérité. Il parlait d'un don dont il avait lui-même fait l'expérience. Il avait trouvé la miséricorde, alors il en proclama la richesse. Nous savons à quel point il est tombé dans l'affaire Bethsabée et Urie, et nous nous souvenons de la visite de Nathan. C'est après cette visite que, selon la croyance générale, ce Psaume fut écrit. Il avait lutté contre les angoisses d'un péché non pardonné, jusqu'à ce qu'enfin le message lui soit délivré par le prophète : « Le Seigneur aussi a ôté ton péché. » [5] Il n'est donc pas étonnant qu'il ait épanché son cœur dans cet hymne d'action de grâce, commençant par ces mots : « Bienheureux celui dont la transgression est pardonnée, dont le péché est couvert. »

Mais ce n'est pas simplement un Psaume d'action de grâce, car, selon le titre, c'était un Maschil, un Psaume instruisant. Lorsque David implorait la miséricorde dans le Psaume Li., il dit que lorsqu'il aurait lui-même trouvé le pardon, il le ferait connaître pour le bien des autres : « Alors j'enseignerai tes voies aux transgresseurs. » [6] Ainsi maintenant, ayant été pardonné, il écrivit ce Psaume d'instruction pour les autres.

«Bienheureux celui dont la transgression est pardonnée, dont le péché est couvert.» Ce sont les paroles par lesquelles David commença son Psaume, et c'est par ces paroles qu'il dit ce à quoi toute âme pardonnée ajoutera de tout son cœur : « Amen ».

Quel était le caractère particulier de cette béatitude ? Les versets 3 et 4 nous apprennent l'horrible misère du péché non repenti et non pardonné. Nous voyons comment les larmes de David furent séchées par la chaleur brûlante d'une conscience coupable, et comment le terrible fardeau pesait jour et nuit sur son âme. Puis, dans le verset suivant, nous apprenons le secret de la grande transition de la misère à la paix. Nous voyons comment il a décidé de ne plus faire d'efforts pour cacher sa culpabilité. Il résolut de le confesser devant Dieu et de ne plus tenter de le cacher à l'homme. Le résultat fut un pardon complet, assuré et des plus miséricordieux. «Tu as pardonné», dit-il, «l'iniquité de mon péché». Il était assuré du don, mais quelle était la bénédiction indescriptible à laquelle, une fois pardonné, il était admis ?

C'est ce que nous apprenons des paroles de notre texte dans lequel nous trouvons les relations paisibles de l'âme pardonnée avec Dieu. C'est cette relation pacifique qui constitue le véritable test du pardon, Christ est mort, le juste pour les injustes, pour nous amener à Dieu : ainsi ceux qui participent à cette œuvre expiatoire sont en réalité amenés à Dieu et créés ce que le Psalmiste appelle « un peuple proche de Lui. [7] Il en fut ainsi dans le cas de David. Rien ne le tenait plus à distance et, dans la pleine paix d'une réconciliation complète, il jouissait du privilège indescriptible de la communion avec Dieu. Le récit de cette communion nous est rendu dans les versets de notre texte, dans le premier desquels nous avons le langage du pécheur pardonné à Dieu, dans le second la réponse de Dieu lui-même.

I. LE LANGAGE DE L'ÂME PARDONNÉE S'ADRESSANT À DIEU .

Celui qui était au loin, sans aucun abri contre la tempête d'une conscience accusatrice, est maintenant capable de regarder vers le Dieu qui lui a pardonné et de dire : « Tu es ma cachette ». Il trouve son abri et sa sécurité en présence de ce Dieu même dont il avait enfreint la loi. Il ne dit pas : « Tu m'as fourni une cachette », mais « Tu *es* ma cachette ». Celui qui avait été exposé sans protection aux douloureuses secousses de sa propre conscience, confirmées par la juste sentence de la sainte loi de Dieu, avait été si complètement restauré qu'il avait trouvé en Dieu lui-même une cachette.

Dans cette cachette sacrée, il réalisa deux résultats : la sécurité et la louange. Lorsqu'il était caché là, il était en sécurité, tout comme notre propre vie est en sécurité lorsque nous sommes cachés avec Christ en Dieu, et c'est pourquoi il pouvait dire : « Tu me préserveras », et une fois caché là, il vivrait dans l'atmosphère même d'action de grâce. a dit : « Tu m'entoureras (ou m'entoureras) de chants de délivrance. » Un chant de délivrance est un chant de louange de la part de celui qui a été délivré. Le chant de Moïse était un chant de délivrance lorsqu'il se tenait sur les rives de la mer Rouge après avoir vu les armées d'Égypte submergées par le déluge. [8a] Le chant de David était un chant de délivrance lorsque Dieu l'avait fait sortir de l'horrible fosse et établi son départ, et avait mis un chant nouveau dans sa bouche. [8b] Le chant de la grande multitude devant le trône est un chant de délivrance, quand, sortis d'une grande tribulation, vêtus de robes blanches et des palmes à la main, ils chantent : « Salut à notre Dieu qui est assis sur le trône, et à l'Agneau. [8c]

Observez le lien entre cette sécurité et ces chants de délivrance. Les chansons ne sont pas seulement la conséquence de la sécurité, mais en font partie. Cachés dans le Seigneur, nous sommes entourés ou entourés par eux. Quelle que soit la direction dans laquelle nous regardons, que ce soit vers l'avant avec espoir, ou vers le passé dans la mémoire, ou vers le haut dans la confiance, il y a dans toutes les directions quelque chose qui suscite la louange, et l'esprit d'action de grâce est en soi une protection contre les assauts.

Il y a exactement le même lien entre louange et sécurité dans la description de Sion restaurée : « Tu appelleras tes murs Salut et tes portes Louange ». [8d] Les louanges sont ici représentées comme faisant partie de la défense. L'ennemi ne peut pas entrer parce que la porte est remplie de louanges. Le chant de délivrance est si chaleureux et si fort que la voix du tentateur n'est pas entendue. Et c'est ainsi que l'homme pardonné, caché en Jésus-Christ, loue Dieu parce qu'il a été sauvé, et confirme sa sécurité par l'acte même de le louer. Cela ne nous enseigne-t-il pas une leçon quant à notre propre communion avec Dieu ? Quoi que ce soit qui pèse sur le cœur et trouble l'esprit, quelle que soit la tempête qui s'abat sur nous, qu'il s'agisse de soucis extérieurs ou de conscience intérieure, que ce soit la douleur de la détresse ou la douleur encore plus grande du sentiment du péché, l'homme pardonné peut aller directement vers Lui et lui dire : « Je fuis vers Toi pour me cacher. » [9a] Et si quelque chose est caché en Lui, quelque chose peut-il vraiment nous faire du mal ? Son salut n'est-il pas un mur suffisant ? Est-ce que tout ce qui peut vraiment nous blesser entrera par ces portes qu'Il a fermées par la louange ? Dans une paix sainte, que les chants de délivrance s'élèvent alors devant Lui. Que la bénédiction indescriptible de la sécurité divine suscite des notes d'action de grâce. Si la douce note de louange a été entendue par les prisonniers du cachot intérieur de Philippes, [9b] ne sera-t-elle pas entendue par toute l'Église de Dieu de la part de ceux qui ont trouvé une cachette en leur Seigneur ?

II. LA RÉPONSE DU SEIGNEUR À L'HOMME PARDONNÉ.

Tel était donc le langage de l'homme pardonné envers le Dieu qui lui avait pardonné. Quelle réponse a-t-il reçu ? « Je t'instruirai et t'enseignerai le chemin que tu dois suivre : je te guiderai de mon œil. » Vous remarquerez que ce qui est promis ici est sa propre direction et instruction divine, et vous verrez immédiatement à quel point une telle promesse était appropriée dans les circonstances particulières de l'affaire. David était gravement tombé. Il avait marché autrefois dans la voie de Dieu, mais s'était détourné d'une manière des plus horribles. Nous ne savons pas quel a été le processus préparatoire dans son esprit. Peut-être avait-il oublié sa faiblesse ; peut-être avait-il pris confiance en lui et était-il tombé. Mais nous voyons ce que Dieu a promis maintenant qu'il a été restauré. Il entreprit désormais de le garder lui-même, par sa propre instruction et sa propre direction. Le Seigneur lui-même s'est engagé à le guider et à le préserver ainsi du danger d'une nouvelle chute.

Il y a deux points dans cette promesse. C'est *par* le chemin, et non *par* le chemin, que Dieu a promis de le guider. Lorsqu'il marchait dans le chemin étroit, Dieu entreprit de marcher avec lui là-bas et de le tenir fermement dans sa main droite jusqu'à ce que le voyage soit terminé et que le reste atteigne la fin. Apprenons tous la leçon selon laquelle l'enseignement de Dieu ne se trouve que dans le chemin des commandements de Dieu. Si nous choisissons de suivre la voie de notre choix, nous ne devons pas nous attendre à la direction du Seigneur.

Observez aussi ce que je pourrais appeler la délicatesse de la promesse et l'intimité de la relation. Dieu dit : « Je te guiderai avec mon œil. »

Lorsque David vivait dans un état d'impénitence, la main forte de Dieu était sur lui jour et nuit. Mais maintenant, un simple coup d'œil suffit. Aucune force n'est nécessaire. Le cœur est tendre, l'oreille est ouverte, l'œil est fixé sur le Seigneur Jésus, et la moindre indication de sa volonté suffit. Le passage semble décrire l'œil du Seigneur veillant sur ses enfants et les yeux de ses enfants fixés sur le Seigneur. Lorsque le Seigneur Jésus a regardé Pierre, Pierre a dû le regarder, et un seul regard a fait fondre son cœur. Ainsi, lorsque le Seigneur nous guide, nous n'avons pas besoin d'une discipline forte ou violente, du vent, de la tempête ou du tremblement de terre, car la petite voix douce suffit. Ce qu'il faut, c'est que nous vivions en regardant Jésus, l'auteur et le consommateur de notre foi, en cherchant à connaître sa volonté, en buvant sa parole, en observant la direction de sa providence, en appliquant les principes de l'Écriture à la vie commune, et ainsi n'attendant pas que la conviction nous soit imposée, mais, avec un cœur tendre et un esprit prêt, cherchant heure après heure à faire sa volonté. C'est dans une telle attitude d'esprit que nous pouvons réaliser la promesse sacrée : « Je te guiderai avec mon œil ».

Tels étaient donc les rapports de cet homme pardonné avec Dieu. Comme elle est proche, intime, sacrée, bénie ! Et comme le pardon qui a préparé le terrain a dû être complet. Il semble presque impossible de croire qu'il s'agissait du même homme sur lequel la main de Dieu avait pesé jour et nuit, le même dont les os avaient vieilli à cause de ses rugissements tout au long de la journée, tantôt pardonné, tantôt amené à des relations heureuses avec Dieu. Ce passage n'enseigne-t-il pas une merveilleuse leçon à chaque âme à qui la miséricorde a été pardonnée en Jésus-Christ ? Quand nous pensons au sang précieux du Christ et à la façon dont le Seigneur a fait retomber sur lui l'iniquité de nous tous, pouvons-nous supposer un instant que le pardon qui nous est accordé est moins complet, ou la restauration moins parfaite, que celle de David ? Puisque donc, dans son cas, la barrière infranchissable de sa culpabilité était si complètement brisée qu'il a été admis à cette communion sacrée et intime, pourquoi chacun d'entre nous devrait-il rester à distance ? Pourquoi ne devrions-nous pas, nous aussi, aller devant le même Père pour trouver en lui notre cachette et recevoir de lui la même assurance bénie : « Je te guiderai de mon œil » ? Qu'il nous accompagne tout au long de la vie avec cette guidance aimante et veille sur chaque pas que nous faisons jusqu'à ce que, par sa grande grâce, nous soyons à l'abri du danger.

LE SAUVEUR À LA RECHERCHE DU PÉCHEUR

« Quel homme d'entre vous, ayant cent brebis, et s'il en perd une, ne laisse les quatre-vingt-dix-neuf dans le désert, pour aller chercher celle qui est perdue, jusqu'à ce qu'il la retrouve ? » — SAINT LUC XV. 4.

NOMBREUX sont ceux parmi nous qui recherchent sincèrement et consciencieusement le Seigneur, dont les âmes sont mal à l'aise et dont les cœurs sont loin de la paix. Ils le recherchent, s'ils peuvent le trouver ; mais ils sont comme des aveugles qui cherchent à tâtons le mur, car ils ne l'ont pas trouvé, et ils n'ont pas de lieu de repos stable pour leur foi. Ils ont lu de nombreux passages sur la recherche du Seigneur et se sont efforcés de le chercher, mais ils sont profondément découragés.

Changeons donc de sujet, et au lieu de considérer comment ils doivent chercher le Seigneur, voyons comment le Seigneur les cherche. Regardons le côté divin de la transaction, et au lieu de nous laisser absorber par le sujet du pécheur cherchant le Sauveur, regardons la grâce illimitée de Dieu qui est manifestée par le Sauveur cherchant le pécheur.

C'est le grand sujet de ce chapitre, qui contient trois illustrations d'un seul sujet, et forme ainsi un commentaire illustré sur ses paroles : « Le Fils de l'homme est venu chercher et sauver ce qui était perdu ». [13] Selon ces paroles, il est venu pour les perdus, et il est venu non seulement pour les sauver lorsqu'ils réussiraient à le trouver, mais pour les chercher afin qu'il les sauve. Il ne sauve pas sans chercher, et il ne cherche pas non plus sans sauver. Tirons quelques leçons, de la combinaison des trois illustrations, quant à la perte du pécheur et à la recherche du Sauveur.

LA PERTE.

Dans les trois cas, celui retrouvé aurait été perdu. Le mouton était perdu. La pièce a été perdue. Le fils était perdu.

Si nous étudions les illustrations en détail, nous verrons que cette perte est provoquée par trois manières décrites dans le chapitre.

Cela se produit, dans le cas de la brebis perdue, par simple ignorance et par la folie de poursuivre chaque objet d'attraction qui passe. Le mouton errant n'a aucune intention particulière de se tromper. Il ne part pas avec une volonté délibérée de fuir ; il est simplement conduit pas à pas par toute attraction qui se trouve à côté de son chemin. Et n'est-ce pas le cas de milliers de ceux qui ont échappé aux soins du berger ?

Dans la deuxième parabole, la perte est causée par la négligence des autres. La pièce d'argent est perdue par négligence, sans aucune faute de sa part. La personne qui en avait la charge ne prêtait aucune attention à la sécurité du véhicule. Combien y en a-t-il exactement dans cette position ? Ils ont été perdus, humainement parlant, faute de soins.

Mais le troisième personnage est bien distinct des deux autres. Le fils prodigue a été perdu parce qu'il a quitté délibérément et avec détermination la maison de son père. Il était totalement différent du mouton errant conduit d'étape en étape sans plan, car il avait un plan et il l'exécutait délibérément. C'est donc de loin le pire des trois. Il représente quelqu'un vivant au milieu de privilèges, mais rejetant délibérément sa foi. Il a devant lui la vie et la mort, et il choisit la mort, ou, en tout cas, il choisit ce qui mène à la mort. Oh! combien merveilleuses sont la grâce et la miséricorde illimitées de notre Dieu, qu'il fasse tout son possible pour chercher et sauver quelqu'un d'aussi ingrat et de si coupable !

LA RECHERCHE DU SAUVEUR .

Il le cherche en devenant lui-même comme Fils de l'homme. Le berger quittant le troupeau et allant dans le désert à la recherche du voyageur est une image du Fils de Dieu quittant la gloire qu'il avait auprès du Père avant la création du monde et visitant ce monde déchu en tant que Fils de l'homme, en afin qu'il puisse chercher et, par son sang expiatoire, sauver le pécheur. Nous ne comprendrons jamais sa grâce en nous recherchant si nous ne réalisons pas son grand acte déjà accompli. Cette grande œuvre achevée est le fondement de tout ce qui suit, et si nous voulons comprendre le mystère de son amour en nous cherchant, nous devons commencer par les deux grands faits, l'incarnation et l'expiation. Pourquoi est-il devenu homme ? Pourquoi est-il né à Bethléem ? N'est-ce pas parce qu'Il est venu en mission divine pour chercher le pécheur ? Pourquoi est-il mort ? Pourquoi a-t-il poussé ce cri amer sur la croix ? N'était-ce pas pour qu'Il puisse enlever la malédiction en la supportant, et qu'après avoir brisé toutes les barrières, il puisse avoir la joie de ramener l'être perdu à la maison du Père ? Vous donc, qui vous inquiétez pour votre âme et dont le désir ardent est d'être recherché et sauvé, souvenez-vous de ce que le Fils de l'homme a déjà fait ; se rabattre sur le fait fini ; et n'oubliez jamais que, même si vous doutez de votre propre position, il n'y a aucun doute quant au fait que le Fils de Dieu est venu chercher celui qui est perdu et le sauver par son sang.

IL CHERCHE À TRAVERS L'AGENCE HUMAINE .

Je ne peux pas penser que la femme allumant une bougie et balayant la maison représente le Sauveur. On pense généralement, et je pense à juste titre, qu'elle représente l'Église. Si tel est le cas, cela peut servir à enseigner comment toute l'Église du Christ doit être entièrement engagée dans l'accomplissement de la mission sacrée de notre Bienheureux Seigneur. Ce n'est pas l'Esprit seul qui doit dire « Viens » [15] mais l'Épouse et tous ceux qui entendent le message. Il est devenu homme et est mort pour nous, mais nous devons allumer la bougie, balayer la maison et chercher diligemment jusqu'à ce que nous trouvions ceux qui sont perdus. Nous ne devons ménager aucun effort pour leur rétablissement : nous devons les rechercher ; nous devons leur faire savoir qu'il y a un ami chrétien soucieux de leur sécurité, et qu'il n'y aura pas seulement de la joie parmi les anges de Dieu, mais un accueil chaleureux parmi Son peuple sur terre pour tout pauvre perdu amené à une humble repentance. aux pieds du Saint Sauveur, pour y trouver le pardon et la guérison.

Et que dire de la troisième parabole, car nous n'y trouvons aucune mention de la recherche. Mais nous trouvons l'acte divin le plus remarquablement représenté, car nous pouvons y voir comment Dieu lui-même cherche le voyageur. Nous ne voyons pas le père le faire dans la parabole, mais nous voyons comment Dieu lui-même le fait en fait. Nous y voyons l'œuvre à la fois de sa providence et de son Esprit. De sa providence, car le Père céleste l'a cherché et trouvé, tout comme il le fait actuellement avec des milliers de personnes. Il lui prenait une chose après l'autre jusqu'à ce que tout espoir disparaisse, et il enviait même leur repas aux porcs. Dieu le cherchait, alors il l'a brisé et écrasé exprès pour pouvoir le sauver.

Mais Dieu a fait bien plus que lui causer des ennuis, car très souvent les ennuis ne font que s'endurcir. Mais dans ce cas, l'Esprit de Dieu le cherchait, de sorte que c'était un trouble béni par l'Esprit, et il fut amené, le cœur brisé, à dire : « Père, j'ai péché. »

Voyez comment Dieu Lui-même l'a recherché et l'a amené à une véritable repentance. Il était loin de la main de l'homme. Il a été perdu dans la maison de son père. Mais il n'a jamais été perdu de vue par Dieu. Il y avait un œil aimant qui le surveillait et une sollicitude aimante qui le cherchait, de sorte que, bien que perdu pour l'homme, il ne le fut pas pour Dieu, et son père, le cœur plein, put enfin dire : « Ce mon fils était mort et il est mort. à nouveau vivant; il était perdu et est retrouvé.

UN SALUT DIVIN

« Le salut vient du Seigneur. » – JONAS ii. 9.

« Selon que sa puissance divine nous a donné tout ce qui concerne la vie et la piété, par la connaissance de Celui qui nous a appelés à la gloire et à la vertu. » — 2 SAINT PIERRE i. 3.

NE peut lire sa Bible sans être convaincu qu'elle regorge d'exhortations pratiques sur la conduite humaine et l'effort humain. Ceux qui recherchent le Seigneur Jésus-Christ sont exhortés à se repentir, à croire, à se convertir, à chercher, à venir et à continuer à connaître le Seigneur. Il s'ensuit que, comme nous sommes très enclins à ne voir qu'un côté des choses à la fois, il existe une grande tendance à s'attarder exclusivement sur l'action humaine, à exhorter et à persuader, comme si tout était entre nos mains, de sorte que afin que nous puissions faire ce que bon nous semble et quand bon nous semble, dans la grande question du salut de notre âme. Les gens ont tendance à écrire et à parler de la venue à Jésus comme si tout cela appartenait au pécheur lui-même. Mais ceci, bien que déduit d'une vérité, n'est pas toute la vérité de l'Écriture. On y retrouve sans aucun doute l'avertissement, l'offre et l'invitation ; mais nous trouvons aussi la description claire d'un salut divin, le plan de la sagesse divine et le don de la grâce divine. Ainsi, dans ce passage, lorsque saint Pierre [17] s'adresse à ceux qui avaient obtenu une foi aussi précieuse avec lui-même, il précise parfaitement dès le début de sa lettre qu'ils l'avaient obtenue, non par le pouvoir de leur propre énergie, mais ou la détermination de leur propre volonté, mais par la puissance de Dieu, le don de Dieu et l'appel de Dieu, « par lesquels leur furent données des promesses extrêmement grandes et précieuses ». [18a]

Tournons donc notre attention vers le côté divin de la grande transaction et traçons, à travers quatre étapes successives, le divin Sauveur, le salut divin, la révélation divine et l'application divine.

I. UN DIVIN SAUVEUR .

Il ne m'appartient pas maintenant de tenter de prouver la divinité de notre Bienheureux Rédempteur, car je considère comme acquis que nous admettons tous les grandes vérités du christianisme. Ce que je désire faire maintenant, c'est souligner que, si nous sommes sauvés, nous le sommes par une Personne, et que cette Personne est divine. Le Seigneur Jésus-Christ est un Sauveur personnel et, en tant que Sauveur personnel, il nous sauve de la mort du péché. Il s'agit d'un acte tout aussi personnel que lorsqu'un nageur audacieux se jette dans l'océan et sauve un homme qui se noie.

Or il est clair que tout dépend de la nature et de la puissance de celui qui nous sauve. S'Il n'est qu'un homme, alors nous ne pouvons espérer rien d'autre qu'un salut créé par l'homme. Le salut ne s'élèvera pas au-dessus du Sauveur ; mais s'Il est divin, alors nous pouvons nous reposer sur Sa toute-puissance divine et rechercher la puissance de Dieu pour le salut. Ainsi, la divinité du Seigneur Jésus-Christ est pour nous une question de vie ou de mort. La question est de savoir si nous devons nous sauver nous-mêmes ou être sauvés par notre Dieu. Et c'est la question qu'Il a lui-même soulevée lorsqu'Il a dit : « Je leur donne la vie éternelle ». [18b] La déclaration de ce passage est qu'Il, en tant que Personne, tient Son peuple dans Sa propre main et le tient avec une force toute-puissante parce qu'Il est divin, car Lui et le Père sont un. Voilà donc à la fois le fondement et la clé de voûte de notre confiance. Nous pouvons voir toutes sortes de difficultés ; il peut y avoir de la confusion, de la perplexité et des cris de détresse dans toutes les directions, mais selon sa puissance divine, Dieu a pourvu un Sauveur divin, et en ce Sauveur nous pouvons nous reposer, car il est le Fils de Dieu.

II. UN SALUT DIVIN .

L'ensemble du plan, du début à la fin, est divin. Le monde regorge de projets humains, dont certains réussissent et d'autres échouent totalement. Un homme invente une chose et une autre, mais Dieu seul a prévu le grand salut. Il n'était pas au pouvoir de la nature en ruine de se restaurer, c'est pourquoi, dans une miséricorde illimitée et dans sa propre toute-puissance divine, il a fourni un plan de restauration. Ainsi, le dessein est divin, son propre dessein éternel avant la création du monde ; le mode de réconciliation est divin, la libération du pécheur par l'imputation du péché à celui qui le porte. La propitiation était divine, « que Dieu a désigné pour être une propitiation par la foi en son sang ». [20a] L'imputation de la justice est divine : « Car Dieu l'a fait être péché pour nous, lui qui n'a pas connu le péché ; afin que nous puissions devenir justice de Dieu en Lui. [20b]

L'œuvre de sanctification est divine : « Vous êtes de lui en Jésus-Christ, qui de Dieu a été fait pour nous. . . sanctification;" [20c] et le rassemblement final des élus de Dieu sera divin car « tous ceux qui sont dans les tombeaux entendront sa voix et sortiront ». [20i]

Il est très important de bien garder cela à l'esprit, car cela place le sujet au-delà de la sphère de la spéculation humaine. Si un homme lance un nouveau système philosophique, ou si des gens préconisent un système particulier en politique, nous sommes parfaitement libres de le critiquer. Ce qu'un homme fait, un autre peut le critiquer. Mais il en va tout autrement du salut de Dieu. Admettez une fois qu'il s'agit d'un plan divin, arrangé dans la sagesse divine et exécuté dans la puissance divine, et il est alors manifestement hors de portée de l'intellect humain. Il peut y avoir là des choses qui nous paraissent bien mystérieuses ; mais à quoi d'autre pouvons-nous nous attendre lorsque les arrangements infinis et divins de Dieu sont soumis aux spéculations de l'esprit fini de l'homme ? Si l'ensemble du salut était de nature à ne présenter aucune difficulté à l'homme qui le cherche, nous pourrions presque douter de sa divinité et croire que, tout comme il est à la portée de l'esprit de l'homme, il a son origine dans l'ingéniosité de l'homme. Mais lorsque nous le voyons hors de portée de l'homme, notre propre incapacité à le comprendre nous apprend alors à le considérer comme un plan au-dessus de nous-mêmes, pour la simple raison qu'il est divin.

III. RÉVÉLATION DIVINE .

Mais une fois que nous avons reconnu que le Sauveur et le salut sont divins, il reste une autre question de la plus haute importance possible. C'est ça. De quelle manière ce salut divin est-il fait connaître à l'humanité ? Est-il connu par découverte humaine ou communication divine ? Le savons-nous en réfléchissant au sujet ou en recevant une révélation de Dieu ? La réponse à cette question est sûrement évidente : un salut divin ne peut être connu que par une communication divine. Le dessein éternel de Dieu ne peut être connu que par une communication divine émanant de Lui-même. Un salut surnaturel requiert, dans la nature même des choses, une communication surnaturelle de la part de Dieu. Ainsi un Apôtre décrit [21] la foi, non comme ayant été *découverte par* les saints, mais comme ayant été *transmise aux* saints, transmise à eux, c'est-à-dire dans la Parole inspirée de Dieu elle-même. De même que Dieu a prévu un salut complet, il a donné une révélation complète de ce salut. Il ne nous a pas laissé chercher à tâtons comme des aveugles cherchant le mur ; mais il a révélé son plan dans sa propre parole et nous a appris à nous reposer sur l'écriture de la vérité comme sa propre révélation de son dessein de grâce.

IV. L'APPLICATION DIVINE .

Pour beaucoup, c'est le plus difficile des quatre points mentionnés au début. Ils sont parfaitement satisfaits quant au divin Sauveur, au salut divin et à la révélation divine dans la Parole de Dieu, mais n'ont pas trouvé peu de difficultés à l'appliquer à eux-mêmes. Ils peuvent voir la chaîne avec ses trois maillons qui pendent du ciel au-dessus de leurs têtes, mais elle est juste hors de leur portée, et comme me l'a dit un jour un pauvre marin mourant : « Je vois la corde, mais je ne peux pas la saisir. il." Ainsi, ils voient le salut, mais ne peuvent pas s'en emparer. S'il y a des gens inquiets à ce sujet et désireux sincèrement de « saisir » le grand salut, qu'ils se souviennent que ce qu'ils veulent vraiment, c'est que *le Sauveur s'empare d'eux* , et c'est ce qu'il fait pratiquement par le pouvoir. du Saint-Esprit. C'est la fonction particulière du Saint-Esprit de prendre les choses du Seigneur Jésus-Christ et de nous les appliquer, et sans cet acte de sa part, nous pourrions lutter en vain pour obtenir la bénédiction. Il ne suffit pas de nous dire que Dieu a pourvu à un Sauveur parfait, que ce Sauveur a fait une propitiation parfaite et qu'en vertu de cette propitiation le grand salut nous est offert en cadeau. Nous pouvons être assurés de tout cela et pourtant vivre sans cela, car nous voulons en outre ce que le cœur humain ne peut pas trouver en lui-même, la force de recevoir le don et, en le recevant, de vivre. C'est par ce puissant pouvoir que ceux qui dorment sont réveillés ; ceux qui sont loin sont rapprochés ; les esclaves sont libérés ; les morts sont rendus à la vie, et ceux qui sont étrangers et exclus sont rendus héritiers de Dieu par le sang du Christ.

Il n'y a aucun cas trop désespéré pour le salut du Seigneur. Nombreux sont ceux qui ont échoué si complètement dans leurs efforts pour se relever qu'ils commencent à penser qu'il y a quelque chose de particulier en eux-mêmes qui fait d'eux une exception à l'offre générale de vie et de pardon. Et il y en a d'autres qui aspirent au salut d'un cœur obstiné et ininterrompu, mais qui ont cherché si longtemps et si désespérément qu'ils commencent presque à désespérer. Maintenant, que votre inquiétude concerne vous-même ou les autres, souvenez-vous de la divinité du grand salut. Si le tout est divin, pourquoi ne suffirait-il pas ? Vous dites que vous êtes mort, mais la puissance divine ne peut-elle pas ressusciter les morts ? Vous dites que vos péchés sont trop grands pour être pardonnés, mais la propitiation divine ne suffit-elle pas pour tous ? Vous dites que vous ne pouvez même pas produire une bonne prière, mais la révélation divine ne vous assure-t-elle pas que le salut est un don gratuit même pour ceux qui n'ont rien ?

Abandonnez donc toute pensée de travailler à votre salut, car il s'agit d'un simple processus humain qui échouera certainement, mais *avant d'être sauvé, jetez-vous* immédiatement sur le Sauveur pour son grand don de salut. Rappelez-vous que tout cela, du début à la fin, est divin et, parce qu'il est divin, comme un petit enfant, faites-y confiance sans la moindre réserve, faites confiance à la promesse, acceptez le don, et que Dieu vous accorde de pouvoir l'utiliser comme faites vôtre les paroles du texte : « Selon que sa puissance divine m'a donné tout ce qui concerne la vie et la piété, par la connaissance de Celui qui *m'a appelé* à la gloire et à la vertu. »

SENTIMENTS

LES SENTIMENTS ont clairement leur place dans les choses de Dieu. Notre christianisme est basé sur des principes, mais il suscite néanmoins des sentiments. Or, il y a deux grands extrêmes dans lesquels nous sommes susceptibles de tomber en ce qui concerne le sentiment chrétien.

Il y en a dont la religion semble consister uniquement à ressentir. Ils recherchent des émotions chaleureuses et lumineuses, ils mettent tout à la hauteur de leurs sentiments et s'ils ressentent ce qu'ils souhaitent, ils sont satisfaits. Leurs cœurs sont réchauffés par les choses de Dieu, et plus d'un théologien froid et flegmatique serait un être différent s'il pouvait seulement saisir quelque chose de leurs sentiments.

Mais nous devons néanmoins faire preuve de prudence, car les sentiments, aussi brillants soient-ils, ne sont pas dignes de confiance à moins qu'ils ne découlent d'un principe et ne se traduisent en pratique. Si vous n'avez qu'un sentiment – un sentiment qui n'est pas basé sur une solide connaissance de la vérité biblique, il s'élèvera comme une bulle et paraîtra aussi beau dans ses couleurs, mais il éclatera aussi facilement que la bulle, et même à son meilleur état, il pourra ne supportez jamais la moindre pression. Voici donc un extrême : la religion du sentiment, de l'émotion, de l'impression, prenant la place de la religion de la conviction, du principe, de la foi.

Mais il existe un autre extrême : je parle de la religion sans sentiment. Certains semblent penser que toute émotion, toute chaleur ou toute ferveur n'est que de l'enthousiasme et se contentent d'un accueil froid de la vérité chrétienne. Ils peuvent avoir tout à fait raison dans leur credo et croire vraiment à toutes les grandes vérités de l'Évangile, mais leur système consiste à ne donner aucune expression à l'émotion chrétienne, ce qui a un merveilleux pouvoir de glacer tout le monde autour d'eux.

Nous ne devons pas nous contenter d'un consentement insensible à la vérité chrétienne. Nous voulons ressentir aussi bien que connaître, et avoir le cœur vraiment réchauffé par le tendre amour de notre gracieux Sauveur. Mais ici, je soupçonne que je rencontrerai une grande difficulté de la part de beaucoup d'entre vous, car ce sentiment est exactement celui que beaucoup ne peuvent pas trouver. Vous pouvez comprendre, mais vous ne pouvez pas ressentir. Votre grand problème est qu'il y a une si terrible apathie dans toute votre âme que rien ne semble la réveiller. Si tel est le cas, considérez...

I. LES SENTIMENTS, AUSSI CHALEUREUX SOIENT-ILS, NE PEUVENT JAMAIS JUSTIFIER, ET LE MANQUE DE SENTIMENT N'EMPÊCHE PAS LA JUSTIFICATION .

J'ai connu des personnes qui ont renoncé depuis longtemps à toute idée d'être justifiées par *les œuvres*, qui ont encore un secret accroché à quelque idée d'être justifiées par *les sentiments*. S'ils pouvaient ressentir davantage – plus d'amour, plus de repentance, plus de chaleur – alors ils penseraient qu'ils pourraient faire confiance à Christ pour leur acceptation. Ils ont appris, pensent-ils, à lui faire confiance s'ils en ont les sentiments, mais ils ne s'aventureraient pas à le faire sans eux.

Maintenant, avant de pouvoir être heureux en Christ, ils devront aller plus loin et apprendre à lui faire confiance lorsqu'ils n'ont pas de sentiments aussi bien que lorsqu'ils en ont. Ils doivent se rappeler que notre justification dépend entièrement de Son expiation et de Sa justice, et qu'il s'agit donc de Son don gratuit, donné gratuitement à ceux qui sont morts dans le péché. Aujourd'hui, un homme mort n'a plus de sentiments. Si donc nous attendons notre justification jusqu'à ce que nous ayons les sentiments, nous devons attendre d'être en vie. Mais le langage de l'Écriture est : « Dieu, qui est riche en miséricorde, à cause du grand amour dont il nous a aimés, même lorsque nous étions morts dans nos péchés, nous a vivifiés avec Christ. » [26] Votre seul espoir est donc de Lui faire confiance tel que vous êtes, sans attendre d'être un atome plus chaud que vous ne l'êtes en ce moment. Avec votre cœur aussi froid que vous le sentez maintenant, vous devez vous jeter immédiatement à ses pieds et crier : « Seigneur, sauve-moi, je péris. »

Étroitement liée à cette suggestion, il y en a une autre, à savoir celle-ci :

II. Si vous voulez que l'on vous fasse sentir, vous ne devez pas perdre de temps pour vous approcher du trône d'un Père.

Vous n'aurez jamais chaud pendant que vous tremblerez en dehors de la ville. Vous devez entrer, même lorsque vous avez froid, et y avoir votre cœur réchauffé par le Seigneur lui-même. Rappelez-vous que le grand sujet qui fait chaud au cœur est le tendre amour de Dieu manifesté en Jésus-Christ. Si l'amour du Christ ne vous fait pas ressentir, rien d'autre ne le fera. Ne restez donc pas à distance et contemplez votre propre froideur, mais tournez-vous immédiatement vers la Croix du Christ. Étudiez-le dans le jardin, courbé sous le lourd fardeau du péché ; étudiez-le sur la croix, abandonné même du Père, et rappelez-vous que tout cela a été supporté pour vous, même pour vous. Rappelez-vous qu'il y avait un lien personnel entre Lui et vous dans toute cette grande transaction, et demeurez ainsi, pour ainsi dire, en regardant le Seigneur Jésus, sa vie, sa douceur, son fardeau, son cri. Priez Dieu pour que vous puissiez réaliser votre rôle dans toute cette affaire. Confessez-lui votre propre condition froide, morte et sans vie. Faites-lui confiance, comme il est mort pour vous, pour vous en sauver ; et ainsi vous pouvez espérer que, même si vous ressentez si froid lorsque vous vous approchez de lui, vous pourrez expérimenter quelque chose de son amour lorsque vous le regardez, et connaître même quelque chose de sa joie lorsque vous poursuivez votre chemin justifié par sa grâce.

III. RAPPELEZ-VOUS BIEN QUE LE SENTIMENT EST LE DON DU SAINT-ESPRIT ET QUE VOUS NE POUVEZ PAS VOUS Y METTRE VOUS-MÊME .

C'est très clairement l'œuvre du Saint-Esprit de susciter des sentiments. Il n'agit pas seulement sur la tête, mais aussi sur le cœur. Il ouvre la compréhension, mais sa grande fonction est de faire ressentir à son peuple ce qu'il sait déjà. Ainsi, parmi les neuf fruits de l'Esprit [27a], les trois premiers sont tous des émotions. Leur siège n'est ni dans la tête ni dans la pratique, mais ce sont tous des sentiments du cœur : « Amour, joie, paix ». Ils mènent tous à la pratique et tous sont fondés sur des principes, mais tous trois sont des émotions sacrées implantées là par le Saint-Esprit lui-même.

Si donc votre cœur froid et insensible est pour vous un véritable chagrin ; si le trouble de votre cœur est que vos péchés vous troublent si peu et que vous ressentez si froidement envers ce Bienheureux Sauveur qui a éprouvé de si profonds sentiments pour vous, ne restez pas content, mais jetez-vous devant Dieu pour que l'Esprit de grâce et de supplication puisse vous permettre de regarder Celui que vous avez transpercé, afin qu'Il puisse prendre les choses de Jésus et vous les montrer ; afin qu'il fasse naître dans votre âme ses propres fruits d'amour, de joie et de paix, et qu'il puisse ainsi répondre à la prière de l'Apôtre : « Le Dieu de l'espérance vous remplit de toute joie et de toute paix en croyant. » [27b]

UN LIT DE MORT PAISIBLE

« Seigneur, laisse maintenant ton serviteur partir en paix, selon ta parole :

« Car mes yeux ont vu ton salut. » — SAINT LUC ii. 29, 30.

NOS pensées sont souvent dirigées vers la perspective bénie du retour de notre Seigneur, et il ne fait aucun doute que sa venue personnelle est le couronnement de l'espérance de l'Église de Dieu. En même temps, il est très important pour nous d'être, si je puis m'exprimer ainsi, familiers avec la pensée du ciel actuel. Les plus jeunes d'entre nous peuvent être éliminés à tout moment, et les plus âgés d'entre nous doivent être convaincus que notre temps est compté et que nos places doivent bientôt être occupées par d'autres. Nous devons donc savoir où nous allons et ce qui nous attend lorsque « la maison terrestre de ce tabernacle sera dissoute ». [28a]

Les paroles de notre texte, si souvent chantées dans nos églises, expriment un sentiment auquel, je le crains, beaucoup de ceux qui les chantent sont totalement étrangers, car elles expriment la préparation paisible avec laquelle Siméon attendait sa mort. Il lui avait été « révélé par le Saint-Esprit qu'il ne verrait pas la mort avant d'avoir vu le Christ du Seigneur ». [28b] Il avait donc passé ses derniers jours à attendre et à veiller sur le Christ promis, et enfin, lorsque l'Enfant fut présenté au Temple, il vit dans cet Enfant le Messie qu'il attendait, et alors il était-ce que, son espérance étant réalisée, il pouvait bénir Dieu et dire : « Seigneur, laisse maintenant ton serviteur partir en paix. »

Ses paroles suggèrent trois sujets.

I. LE POINT DE VUE DONNÉ ICI SUR LA MORT .

Il n'en parle pas comme d'un anéantissement, d'une destruction ou d'une stupéfaction, mais comme d'un départ ou d'un déplacement d'un lieu à un autre. Si une personne quittait cet endroit et allait ailleurs, elle changerait simplement de maison. Jusqu'à ce qu'il quitte sa maison, il est ici, mais lorsqu'il quitte sa maison, il est ailleurs.

N'en est-il pas exactement de même lorsque l'esprit quitte sa demeure actuelle et se dirige vers la construction de Dieu, la maison non faite de main d'homme, éternelle dans les cieux ? Dans ce cas, comme dans un déplacement terrestre, le départ implique la continuation de la vie. Ainsi je me réjouis des nombreux passages dans lesquels la mort est évoquée comme un départ. C'était clairement l'idée dans l'esprit de saint Paul, comme lorsqu'il disait : « avoir le désir de partir » [29a] et encore : « Le moment de mon départ est proche ». [29b] Quand ceux que nous aimons sont dans des pays lointains, nous ne les voyons pas, mais ils sont là ; nos yeux ne peuvent les voir, ni nos oreilles entendre leurs voix agréables, car ils sont loin, mais cela ne nous fait douter ni de leur vie, ni de leur intelligence, ni de leur affection. Il en est de même pour ceux qui sont partis. Nous n'entendons plus la voix, ni ne regardons le visage aimé, mais nous sommes pleinement persuadés que, en tant qu'esprits, ils vivent ailleurs, que la séparation n'est pas une destruction et que l'éloignement n'entraîne pas la diminution des pouvoirs intelligents des vivants. esprit.

Mais si la mort est ainsi un départ, où est le lieu où va l'esprit ? Sur ce point, un voile est jeté dans l'Écriture. Si nous devions tout savoir, rien dans cette connaissance n'affecterait notre conduite pratique, donc aucune connaissance n'est donnée. Nous ne l'exigeons pas non plus, car une chose nous est dite, et cette seule chose suffit. Si nous sommes assurés de cette seule chose, nous n'en voulons plus. Quelle est donc cette chose qui nous est si clairement révélée dans la sainte Parole de Dieu ? Où en trouverons-nous un récit ? Tournons-nous vers le langage de l'apôtre Paul : « Je suis dans une situation difficile entre deux, j'ai le désir de m'en aller et d'être avec Christ. » [30a] Il savait donc qu'en partant, il devait partir pour être avec le Christ, dans la jouissance consciente de son amour perceptible et incessant.

II. L'ESPRIT DANS LEQUEL LE CROYANT PEUT MOURIR .

Ceci est décrit dans les paroles de Siméon : « Que ton serviteur s'en aille en paix ». Siméon pouvait attendre avec impatience son heure de mort dans un esprit tranquille de paix calme et reposante. Combien de fois y a-t-il des soucis dans le cœur du croyant mourant. Un père peut quitter sa femme et sa famille, qui dépendaient de lui pour subvenir à ses besoins ; ou une mère de ses enfants, avec la ferme conviction que rien ne peut remplacer l'amour d'une mère. Que personne ne suppose qu'il n'y a aucune épreuve de foi dans une telle séparation, et que, dans de nombreux cas, il n'est pas très difficile de lui faire confiance. Mais en Jésus-Christ, il peut y avoir la paix même dans une telle séparation, et la mère mourante, si elle connaît son Sauveur, peut tout confier entre ses mains aimantes et dire : « Je sais en qui j'ai cru, et je suis persuadée qu'il est capable de garder ce que je lui ai confié. [30b] Elle a confié ses enfants à Sa garde. Ils sont son dépôt auprès de Dieu, et elle peut être en parfaite paix dans l'assurance que, même si *elle* part, *Il* reste et restera un Sauveur fidèle jusqu'à ce que chacun de ces chers enfants soit présenté sain et sauf devant son trône.

Que personne ne suppose que ce n'est pas une chose très solennelle de mourir, d'être brusquement coupé de tout ce dont nous avons jamais fait l'expérience, et de nous lancer seuls dans un monde invisible. Il ne peut donc pas être facile de mourir en paix. Mais, grâce à Dieu, nous croyons que l'esprit qui s'en va passe immédiatement dans la présence aimante de notre Rédempteur, et pourquoi n'y aurait-il pas la paix ? Je crois que c'est l'oubli de cette entrée personnelle dans la présence personnelle d'un Sauveur personnel qui semble parfois assombrir l'heure de la fin. Les gens oublient ces quelques mots : « Tu es avec moi » [31a] et alors ils ont peur. Mais lorsque nous nous reposerons sur ces paroles et que nous les combinerons avec notre espérance assurée, sachant qu'Il est maintenant avec nous de manière invisible et que nous allons être avec Lui visiblement, alors nous pourrons dire, comme le fit Siméon : « Seigneur. , laisse maintenant ton serviteur partir en paix.

III. LA GRANDE FONDATION DE LA CONFIANCE PACIFIQUE DE SIMÉON .

Ses yeux avaient vu le salut de Dieu. Ce qu'il avait réellement vu, c'était le Messie promis, c'est-à-dire le Christ du Seigneur. Le petit enfant était le Sauveur promis, et pour lui le Sauveur était le salut. La Personne et le Don étaient si liés qu'ils ne faisaient qu'un. Il ne pouvait connaître la Personne sans le Don, ni jouir du Don autrement qu'à travers la Personne. Ainsi, plus de trente ans après, notre Seigneur parla de Lui-même comme du « Salut » [31b] lorsqu'Il dit, en entrant dans la maison de Zachée : « Aujourd'hui, le salut est venu dans cette maison. » Siméon possédait ce que nous ne pouvons pas avoir, quelque chose de matériel qu'il pouvait manipuler et contempler. Sa main pouvait manipuler et son œil pouvait voir le petit enfant ; et il ne fait aucun doute qu'il existe dans l'esprit humain un désir ardent de quelque chose de visible, de tangible et de matériel. Mais nous n'avons rien de tel ; nous ne pouvons pas tenir notre salut entre nos mains. Nous n'en voulons pas non plus là-bas. C'est plus sûr entre les mains de notre Seigneur lui-même. Mais bien que nous ne puissions pas dire : « Mes *yeux* ont vu », nous pouvons dire, grâce à Dieu : « Mon *cœur* a vu », et nous pouvons comprendre les mots : « Que vous aimez, que vous n'avez pas vu ». [32a] Il y a exactement la même union dans ce passage entre le Sauveur et le salut. En le recevant, nous recevons le salut, et en le contemplant avec l'œil de la foi, nous voyons, pour ainsi dire, nos noms écrits dans le livre de vie.

Contempler le Sauveur est une affaire très personnelle. Il ne s'agit pas simplement de Le contempler comme un monument sur une colline lointaine, que nous pouvons admirer, mais sans jamais y entrer ; ou comme un port de refuge auquel nous ne pouvons pas accéder. Cela ne doit pas être pour nous comme ce fut le cas pour Balaam lorsqu'il dit : « Je le contemplerai, mais pas de près », [32b] car l'invitation qui nous est adressée est de nous approcher, et notre privilège est dans le plus profond de notre âme de répandre notre cœur devant Lui, comme devant Celui qui connaît tous ses secrets et qui, par son propre sang le plus précieux, a effacé toute sa culpabilité. Cela a jeté une lueur de lumière sacrée dans de nombreuses chambres mortuaires. Que Dieu fasse qu'il en soit de même pour chacun de nous. Qu'aucun de nous ne se repose jusqu'à ce qu'il puisse dire : « Mes yeux ont vu ton salut », jusqu'à ce que nous sachions non seulement qu'il existe un Sauveur, mais que nous soyons assurés qu'il nous a sauvés et qu'il a fait de nous, même de nous, les héritiers du Seigneur. Dieu et cohéritiers avec lui-même dans son royaume.

UNE VIE PAISIBLE

« Pour moi, vivre, c'est Christ. » — PHIL. je. 21.

NOUS avons étudié le sujet d'un lit de mort paisible et j'espère que nous avons appris comment mourir. Tournons maintenant nos pensées vers une vie paisible et efforçons-nous d'apprendre à vivre. Les deux choses sont étroitement liées.

Étudions ce que saint Paul voulait dire lorsqu'il disait : « Pour moi, vivre, c'est le Christ ». Lorsqu'il existe un objet pour lequel et dans lequel une personne vit, il n'est pas rare de dire que c'est sa vie. Dans une certaine mesure, cela explique l'expression : « Pour moi, vivre, c'est le Christ », car le Seigneur Jésus-Christ était l'unique objet absorbant de toute la vie de saint Paul. Il pensait à Lui ; il s'appuyait sur lui ; il avait confiance en Lui ; il l'aimait et il vivait pour lui. Il ne pouvait pas se passer de Lui. Si nous examinons le sujet plus en détail, nous trouvons trois choses très clairement enseignées dans les Écritures. Notre vie est cachée *avec* Lui, dépend *de* Lui et *lui est consacrée* .

CACHÉ AVEC LUI

Dans ce monde orageux, nous avons perpétuellement besoin d'une cachette, d'un abri contre la tempête et d'un abri contre l'explosion. Ainsi, dans la grande prophétie de notre Seigneur et Sauveur révélée dans Ésaïe, nous lisons à son sujet : « L'homme sera comme un refuge contre le vent ». [34a] Mais trois siècles avant qu'Ésaïe ne prononce cette prophétie, David avait appris à se cacher sous sa garde et disait de lui : « Tu es ma cachette ». [34b] Le problème dont il se cachait était une profonde conviction de péché. En conséquence de son péché, la main de Dieu s'était appuyée sur lui jour et nuit. Mais finalement, la culpabilité de son grand péché avait été effacée, et en tant qu'homme pardonné, il pouvait trouver refuge auprès du Dieu même contre lequel il avait transgressé. Il pouvait se cacher dans l'amour de Celui contre qui il avait péché, et au lieu de sentir la main du Seigneur peser sur lui, il pouvait se réjouir à l'idée qu'il y avait un mur de louange autour de lui. De la même manière, on dit que notre vie est cachée avec Christ. « Votre vie est cachée avec Christ en Dieu. » [34c] Il n'est pas exposé aux chocs brutaux du monde extérieur, mais est caché avec Lui. De même *qu'Il* est invisible, ainsi *il* est invisible ; mais comme *il* est en sécurité à la droite du Père, ainsi est- *il* en sécurité, étant déposé en parfaite sécurité comme un dépôt sûr dans la fidélité éternelle de Dieu. C'est de la sécurité de ce dépôt que dépend toute notre vie. S'il y avait le moindre doute à ce sujet, nous serions comme des navires dérivant sur le vaste océan, sans carte, sans boussole ni mouillage. Mais maintenant nous sommes en sécurité parce que nous sommes indissolublement liés au Sauveur, et notre vie est si complètement identifiée avec Lui que dans le verset suivant, Il est décrit comme « Christ notre vie ».

Il tient notre vie dans sa main droite. Il est la source, la fontaine et la source principale de tout, de sorte que nous pouvons bien comprendre les paroles de saint Jean : « Celui qui a le Fils a la vie ». [34]

DÉPENDANT DE LUI

Il y a une lutte dans le cœur humain pour l'indépendance. La tendance du moment est de se débarrasser de toute dépendance et, avec elle, de toute soumission. « *Je* le ferai », « *je* choisis », « *je* pense », « *je* détermine », « *je* suis résolu » est le langage autosuffisant de ces derniers jours. Or, une telle personne ne pourra jamais dire : « Pour moi, vivre, c'est Christ ». S'il dit quelque chose, ce devrait être : « Pour moi, vivre, c'est moi ! » Mais voyez quel contraste il y a dans la vie du croyant. Tournons-nous seulement vers un passage dans Galates. Là vous trouvez le « Je » crucifié ; "Je suis crucifié avec Christ." [35] Mais bien que le « je » soit crucifié, il reste une vie car « néanmoins je vis ». Et maintenant, quel est le caractère de cette vie éternelle ? La dernière partie du verset le décrit : « Mais ce n'est pas moi, mais Christ qui vit en moi. » Ces mots parlent d'une vie de dépendance habituelle. Tout dépend du Sauveur qui habite en nous. Sa demeure, c'est la vie, c'est le secret de tout. Mais comment cette habitation se réalise-t-elle ? Comment est-il approprié ou vécu ? Il est clair que cela ne peut être connu par les sens. Nous ne pouvons pas le voir, l'entendre ou le manipuler. Il ne faut rien chercher de matériel. Cela n'est pas non plus lié ici à quoi que ce soit de sacramentel ; mais elle est décrite comme la bénédiction indescriptible d'une foi constante : « La vie que je vis maintenant dans la chair, je la vis par la foi du Fils de Dieu, qui m'a aimé et s'est donné lui-même pour moi. »

Il ne faut pas quitter ce passage sans remarquer deux faits concernant cet amour.

(1) Cela a été montré en propitiation. Saint Paul ne dit pas simplement : « Qui m'a aimé », mais ajoute : « Qui s'est donné pour moi ». Il existe de nombreuses preuves de son amour, mais l'acte suprême de toutes est la propitiation. C'est la rançon intégralement payée qui constitue le seul espoir du captif et la preuve suprême de l'amour du Rédempteur.

(2) L'amour n'était pas seulement pour tous, mais selon ce passage, « pour *moi* ». Un individu n'est qu'une unité dans une foule, pas plus qu'un grain de sable dans un désert égyptien ; de sorte qu'il semble très facile pour quelqu'un de se perdre dans la multitude. Mais c'est le rôle de Dieu le Saint-Esprit d'appliquer l'œuvre accomplie pour *tous* aux besoins particuliers de *chacun* .

DÉDIÉ À LUI

Saint Paul pouvait dire : « Pour moi, vivre, c'est le Christ », car il pouvait aussi dire sans hésitation que la seule pensée de sa vie était la gloire de son Sauveur. Il a vécu pour un seul objet, et cet objet est décrit comme sa vie. Or, nous entendons beaucoup de consécration de nos jours, et nous ne pouvons pas en entendre trop, si seulement elle est maintenue à sa juste place, car il y a beaucoup trop peu de consécration à Dieu parmi nous. La consécration est l'abandon de toute la vie au Seigneur. C'est mettre le Seigneur toujours devant nous dans tout ce qu'il nous appelle à faire. Nous avons été aimés par Lui, rachetés par Lui, appelés par Lui et sauvés par Lui ; alors maintenant nous sommes à lui. Nous Lui appartenons entièrement. Nos pouvoirs ne sont plus les nôtres, mais ceux de notre Seigneur ; nos vies ne doivent plus être occupées pour nous-mêmes, mais pour notre Seigneur ; afin que se réalise en nous le dessein de l'amour rédempteur décrit par saint Paul. « Il est mort pour tous, afin que ceux qui vivent ne vivent plus pour eux-mêmes, mais pour Celui qui est mort pour eux et est ressuscité. » [37]

Devons-nous vivre pour nous-mêmes ou pour sa gloire ? Pour la satisfaction de soi, ou pour le service heureux, saint et sacré de Celui à qui nous devons tout ce que nous avons et tout ce que nous espérons, notre Bienheureux Seigneur et Sauveur Jésus-Christ ?

LA RÉSIDENCE DU SAINT-ESPRIT

« Vous le connaissez ; car il habite avec vous et sera en vous. » – SAINT JEAN XIV. 17.

DANS ce verset, notre Seigneur béni parle de la connaissance dont jouit son peuple. Il parlait du présent et du futur ; de ce qu'ils avaient alors au moment où Il était avec eux, et de ce dont ils étaient sur le point de jouir après le jour de la Pentecôte, quand Il leur serait enlevé. En référence au présent, Il dit « Il habite » (ou demeure) avec vous, ou parmi vous ; en référence au futur, il dit : « Il sera en vous ». Il y a donc clairement deux grands sujets à considérer : la connaissance dont jouissaient les disciples lorsque le Seigneur Jésus était encore sur terre, et la connaissance dont jouissait tout son peuple depuis le jour de la Pentecôte.

I. QUAND IL ÉTAIT SUR TERRE .

« Vous le connaissez, car il demeure avec vous. »

L'expression ne décrit pas une union interne au sein de l'âme, mais une camaraderie externe. Le sens est le même que lorsque saint Jean disait : « Il y en a parmi vous quelqu'un que vous ne connaissez pas. » [38] Ils étaient là, un petit groupe de disciples, et parmi eux, au milieu de leur société, dans la pièce où ils étaient assemblés, demeurait, ou demeurait, l'Esprit de Vérité.

Or, quel était le sens de cette déclaration ? N'était-ce pas ça ? Que le Saint-Esprit demeurait alors parmi eux, incarné et manifesté dans la personne du Seigneur Jésus-Christ. Jean-Baptiste a dit de lui : « Dieu ne lui donne pas l'Esprit avec mesure. » [39a] Ainsi a été dit saint Paul : « En Lui habite corporellement toute la plénitude de la Divinité ». [39b] Et saint Pierre nous enseigne qu'il était oint du Saint-Esprit et que Dieu était avec lui. [39c]

Considérez donc le Seigneur Jésus-Christ comme Dieu manifesté dans la chair, comme la manifestation humaine de la pensée et de la puissance du Saint-Esprit, et vous verrez dans un instant que pendant qu'Il était sur terre, l'Esprit de Vérité demeurait parmi les disciples. Là où était le Seigneur Jésus, là était l'Esprit ; là où il demeurait, là demeurait l'Esprit ; et quand Lui et ces douze disciples étaient assis ensemble à la Dernière Cène, Il pouvait dire de l'Esprit de Vérité : « Vous le connaissez car il habite avec ou parmi vous. »

II. LA CONNAISSANCE DONT JOUIT TOUT SON PEUPLE APRÈS SON DÉPART .

Ce devait être très différent par la suite. Il y a un immense changement lorsque notre Seigneur parle de ce qui devrait se passer après son départ. Il ne s'agit plus de « avec », mais de « dedans ». Il ne serait pas seulement présent en leur compagnie, mais demeurerait dans leur âme.

Dans cette promesse, il y a trois choses qui nécessitent notre attention particulière.

(1) La promesse ne s'applique pas à une entreprise, à une société, à une Église ou à un groupe d'hommes, mais *à chaque individu* . Le Saint-Esprit ne sera pas simplement au milieu d'une congrégation, mais un hôte sacré dans chaque âme. Vous le voyez très clairement dans l'histoire du jour de la Pentecôte. [40] Le Saint-Esprit est venu sur l'assemblée, sur l'Église, car Il a rempli toute la maison où ils étaient assis. Mais en plus de cela, il y avait un don personnel distinct pour chaque personne présente, car « il reposait sur chacun d'eux et ils étaient tous remplis du Saint-Esprit ».

(2) Le don sacré n'est plus localisé ou spécialement apprécié en un seul endroit. Tant que le Seigneur Jésus était parmi eux là où Il était, le Don existait. Mais maintenant, là où se trouve le croyant, il y a le Don. Voyez la bénédiction indescriptible de cette promesse sacrée. Le don de l'Esprit ne se limite pas à tel ou tel endroit. C'est le privilège inestimable de chaque croyant, où qu'il se trouve et dans quelque position qu'il plaise à Dieu de lui attribuer son sort. Vous pouvez être coupé des moyens de grâce dont vous avez pris plaisir, mais où que vous soyez, vous n'êtes pas coupé de l'Esprit de Vérité, de la demeure du Saint-Esprit, car Il n'est limité ni au temps ni au lieu. , ou circonstance, et partout où vous irez sur l'ordre du Seigneur, là vous porterez sa présence avec vous.

(3) Il habite *dans* l'âme.

Il y a cette grande différence entre sa présence et celle des amis les plus fidèles et les plus aimants. L'ami ne peut juger que par l'extérieur ; le regard anxieux, la larme aux yeux ou les mots de tristesse. Mais l'Esprit de Vérité est à l'intérieur et Il prend note des secrets intérieurs de l'âme. Il n'attend aucune preuve extérieure de ce qui se passe. Les sources cachées de la pensée sont toutes ouvertes à ses yeux : la douleur secrète qui n'est jamais soufflée à personne ; l'espoir caché qui couve dans le cœur ; la tentation subtile qui commence à grandir inaperçue, et le désir ardent de l'âme après une vie supérieure, toutes ces choses lui sont ouvertes, et lui, demeurant à l'intérieur et connaissant tout ce qui se passe à l'intérieur, peut contrôler, guider, peut guérir, peut aider, peut subvenir à tous les besoins possibles « selon sa richesse en gloire par Jésus-Christ ». [41a]

On ne peut donc pas dire la bénédiction indescriptible du don pentecôtiste, et nous pouvons parfaitement comprendre pourquoi notre Seigneur a dit : « Il est avantageux pour vous que je m'en aille ».

Mais est-ce que nous le désirons tous ? « Bien sûr que nous le faisons », disent certains. Mais ce n'est pas du tout une évidence. Il n'y avait pas de place pour Christ dans l'auberge de Bethléem, et il n'y a pas de place pour l'Esprit de

Vérité dans de nombreux cœurs. S'Il demeure dans votre âme, Il vous humiliera et vous fera « vous abhorrer et vous repentir dans la poussière et la cendre ». [41b] Désirez-vous cela ? S'Il habite en vous, Il vous sevrera du monde et vous apprendra à vivre comme quelqu'un qui cherche le Royaume. Est-ce que tu désires ça ? S'Il demeure en vous, Il vous apprendra à abandonner votre propre volonté. Est-ce que tu désires ça ? Désirez-vous vraiment être conduit par l'Esprit, enseigné par l'Esprit pour devenir un enfant de Dieu humble, doux et soumis ? Je crains que beaucoup, lorsque l'on considère l'ensemble du sujet, ne soient pas prêts à lui réserver un accueil sans réserve et soient tentés de fermer la porte de leur cœur à son entrée. Si la porte est ouverte par eux, elle est seulement entrouverte, et non grande ouverte, afin que le Roi de Gloire puisse entrer, dans la plénitude de sa puissance, et expulser tout ce qui est en désaccord avec sa volonté.

Mais je crois qu'il y en a beaucoup qui ne retiendraient rien et qui aspirent par-dessus tout à ce que l'Esprit de Vérité prenne pleinement possession de leur âme. Leur difficulté n'est pas qu'ils ne le souhaitent pas, mais qu'ils peuvent à peine croire qu'il soit possible qu'Il demeure un jour dans un cœur comme le leur. Ils y trouvent tellement de péchés qu'ils peuvent à peine imaginer qu'il soit possible que le Saint Consolateur ne soit pas chassé d'eux par tout ce qu'Il voit en eux. Sans aucun doute, il y en a tout à fait assez pour le chasser affligé et mécontent de son lieu de repos, et s'il n'y avait pas l'alliance éternelle de Dieu et le précieux sang du Christ, je peux parfaitement comprendre l'impossibilité de faire d'un tel cœur son cœur. lieu d'habitation. Mais le sang expiatoire change toute l'affaire. Le sang du Christ brise toutes les barrières. C'est une voie nouvelle et vivante [42] par laquelle non seulement vous pouvez entrer hardiment dans la présence de Dieu, mais par laquelle l'Esprit de Dieu peut entrer dans votre cœur et en prendre pleine possession comme sa propre demeure.

Si vous désirez être rempli de l'Esprit, vous devez regarder directement cette croix du Christ. Vous devez vous rappeler la plénitude du pardon. Vous devez vous fier à cette expiation pour briser même la barrière érigée par votre propre sombre corruption et, en plaidant pour ce sang précieux, vous devez ouvrir toutes les voies de votre âme à l'Esprit de vérité, afin qu'il puisse y entrer et y régner en maître.

LE TÉMOIN—LE CHEF—LE COMMANDANT

« Voici, je l'ai donné pour témoin du peuple, pour chef et commandant du peuple. » — ESAÏE . lv. 4.

ON dit souvent qu'un chef vivant est essentiel au bien-être d'une Église vivante. Rien ne peut être plus clair que l'enseignement de l'Écriture selon lequel notre Tête vivante est maintenant au ciel, assise à la droite de Dieu.

C'est comme une Tête Vivante que notre Sauveur béni est ici prédit. Trois riches promesses sont faites par Dieu à tout cœur affamé et assoiffé : la vie, une alliance et une tête vivante. La vie, car Il dit : « Écoutez, et votre âme vivra ». Une alliance, car Il dit : « Je ferai avec vous une alliance éternelle » ; et une tête, car il ajoute, dans les mots de notre texte : « Voici, je l'ai donné pour témoin du peuple, pour chef et commandant du peuple. »

La question peut se poser : « Qui est-ce qui est ainsi donné comme témoin ? Quelle est la personne que le peuple doit reconnaître comme son chef et son commandant ? La prophétie dit David. Mais David, nous le savons, était un personnage typique. Il n'était pas simplement un roi, mais un type ; un type de Celui qui devait être à la fois son fils et son Seigneur. En conséquence, on nous enseigne que le nom David était appliqué au Seigneur Jésus, car nous trouvons les paroles appliquées par saint Paul au Christ et à sa résurrection. [44a] On nous enseigne là que lorsque Dieu a ressuscité Christ d'entre les morts, il nous a accordé les miséricordes sûres de David. Le Seigneur Jésus-Christ est donc le témoin, il est le chef et il est le commandant de son peuple. En d'autres termes, le Rédempteur ressuscité est notre Tête Vivante.

Le texte nous dirige donc vers son action actuelle, non pas vers sa mort ou même vers sa vie avant sa mort, mais vers sa direction actuelle à la droite de Dieu. Il est

UN TÉMOIN

Celui qui porte un témoignage vrai et fidèle. C'est ce qu'il a fait au cours de sa vie sur terre, comme nous l'apprenons ses propres paroles lorsqu'il se tenait devant Pilate. « Je suis né dans ce but, et c'est pour cela que je suis venu dans le monde, afin de rendre témoignage à la vérité. » [44b] Et ce même caractère, Il le maintient au ciel, car au début du Livre de l'Apocalypse, il nous est enseigné d'attendre la grâce et la paix « auprès de Jésus-Christ, le témoin fidèle, le premier-né d'entre les morts et le Prince de les rois de la terre. [44c] Il est clair qu'en tant que « premier-né », c'est-à-dire en tant que Sauveur ressuscité, il agit désormais comme témoin.

Cela se fait de deux manières. Il est un témoin du monde, témoignant du grand plan de salut de Dieu. Mais plus encore, il témoigne au cœur de chacun de ses propres enfants, les assurant de sa fidélité, les confirmant dans sa vérité et faisant ce que David lui a prié de faire : « Dis à mon âme : je suis ton salut. » [44d] Il y a un témoin extérieur et un témoin intérieur ; un témoin extérieur dans la puissance de son Esprit accompagnant sa parole, et un témoin intérieur dans l'âme de son propre peuple ; caché au monde et connu seulement de ceux qui en jouissent, ce témoignage dont parlait saint Jean lorsqu'il disait : « Celui qui croit au Fils de Dieu a le témoignage en lui-même ». [45a] Et cela peut nous enseigner une leçon importante concernant la vraie nature de la foi. C'est la foi lorsque nous recevons le témoignage du Seigneur Jésus comme une vérité incontestable et que, sans poser de questions, nous croyons simplement en lui. Il y a des vérités difficiles enseignées dans sa parole, et certaines étrangement en désaccord avec l'opinion humaine ; mais la vraie foi abandonne tout et fait confiance. Il s'agit d'un abandon complet à Jésus-Christ, le témoin fidèle.

IL EST UN LEADER

Et lorsque nous parlons de Lui comme d'un chef, nous ne devons pas associer sa fonction simplement à l'idée de guerre, car c'est aussi la fonction de paix. Lorsque notre Seigneur se compare au berger, il dit qu'il « les conduit dehors ». [45b] Sa fonction de leader n'est pas non plus abandonnée, même dans le repos paisible du Ciel. Il y a même là une main dirigeante, car lorsque saint Jean fut autorisé à regarder à l'intérieur et à voir la grande multitude devant le trône, l'ange le renvoya aux paroles de la promesse bénie d'Isaïe. [45c] Au ciel donc, la promesse est à la fois accomplie et connue. Cela s'accomplit, car là les saints de Dieu sont rafraîchis par les eaux vives ; et on le sait, car l'Ange lui-même, tout en décrivant les joies du ciel, attire l'attention sur l'ancienne prophétie et montre comment, dans la scène paisible qui l'entourait, elle recevait son accomplissement complet.

Maintenant, qu'est-ce qui est sous-entendu lorsqu'on nous enseigne que le Seigneur Jésus est un leader pour son peuple ? Cela implique bien plus qu'un enseignement, et par conséquent la fonction de leader va bien au-delà de celle de témoin. Il ne servirait à rien d'expliquer à un aveugle les détours d'un sentier étroit. Mais ce serait un acte d'une grande gentillesse que de le prendre par la main et de le conduire. Et c'est ce que notre Guide fait pour nous, car Il dit : « J'amènerai les aveugles par un chemin qu'ils ne connaissaient pas. » [46a]

Nos cœurs fiers peuvent détester la position dépendante des faibles ou des aveugles ; mais, que cela nous plaise ou non, nous sommes à la fois aveugles et faibles, incapables de tracer notre chemin au milieu des perplexités de la vie, et également incapables de nous déplacer seuls en toute sécurité, même lorsque le chemin peut être découvert. C'est donc dans la miséricorde et dans l'amour tendre que Dieu lui a donné pour être son chef, et notre rôle est d'accepter ce don et de lui faire confiance. Lorsque nous sommes plongés dans la perplexité, dans l'une de ces positions de la vie où deux chemins semblent se rencontrer, nous pouvons nous prosterner devant Lui, notre grand chef, et dire : « À cause de ton nom, conduis-moi et guide-moi. » [46b] Lorsque nous nous trouvons dans des endroits glissants et que nous savons à peine comment nous tenir debout, nous pouvons venir en sa présence et crier : « Retiens-moi, et je serai en sécurité. » [46c] Lorsqu'une doctrine déconcertante nous est présentée et que de faux enseignements abonde autour de nous, nous pouvons répandre sa parole qui contient son témoignage et dire : « Montre-moi tes voies, ô Seigneur. » [46d] Et lorsque nous arrivons à la vallée de l'ombre de la mort, lorsqu'aucune main humaine ne peut nous aider et qu'aucune sympathie humaine n'atteint nos besoins, même alors nous pouvons être parfaitement sûrs que notre grand Guide ne nous quittera jamais ; mais alors que nous nous séparons de tous nos amis ici sur terre et que toutes les aides terrestres disparaissent, nous pouvons nous appuyer plus simplement et plus lourdement que jamais sur Lui et dire : « Même si je marche dans la vallée de l'ombre de la mort, je craindrai pas de mal : car tu es avec moi. [47a]

Il en va de même pour l'Église du Christ. Notre sort se déroule dans des temps très perplexes, et ceux qui se soucient réellement de l'Église de Dieu doivent souvent avoir le cœur rempli d'une profonde anxiété. C'est une chose heureuse de savoir que Dieu lui a donné pour être le chef du peuple et « diriger toutes choses vers l'Église ». [47b] Nous pouvons donc lui faire confiance pour prendre soin de sa propre vérité, et être assurés qu'au milieu de toutes les perplexités de ces derniers jours, il guidera son propre peuple en toute sécurité jusqu'à la fin, jusqu'à ce que chacun d'eux comparaisse devant Dieu.

IL EST UN COMMANDANT

Nous ne pouvons pas dire de cette fonction, comme nous l'avons fait de la précédente, qu'elle appartient à la paix, car elle est particulière à la guerre. Le commandant est pour le champ de bataille, et plus encore pour la campagne bien organisée. Ainsi, notre Seigneur nous est présenté comme un Commandeur dans le livre de l'Apocalypse. [47c] Il apparaît alors dans son caractère royal, et en même temps à la tête de son armée. Il rencontre toutes les puissances du monde, mais il est entouré d'un petit groupe de fidèles et il les mène à la victoire.

L'Église de Dieu doit être préparée au conflit. Jusqu'à ce que le Seigneur vienne, le péché ne donnera aucune paix à l'Église. Tant que Satan ne sera pas foulé aux pieds, il ne cessera jamais sa guerre meurtrière contre le Seigneur Jésus et son petit troupeau. Le soldat du Christ doit être un homme de guerre.

Le grand Commandeur aura ses propres disciples choisis et fidèles : « ceux qui sont avec Lui sont appelés, choisis et fidèles ». [48a] Ils sont séparés du monde par une ligne de séparation claire. Ils portent son nom ; ils portent Son uniforme ; ils se rassemblent autour de sa bannière ; ils n'ont pas honte de son opprobre ; et partout où il va, c'est leur joie de le suivre. Il n'y a pas de service comme le sien, pas de commandant aussi parfait, pas de lutte aussi noble, pas de victoire aussi certaine et aussi glorieuse.

Si nous faisons réellement partie du groupe choisi de fidèles, notre seule norme dans la vie doit être la volonté de notre grand Commandant. Nous devons surveiller chaque signal venant de Lui et ne posséder aucune autorité autre que la Sienne. Du début à la fin, notre esprit doit être celui de Saul de Tarse : « Seigneur, que veux-tu que je fasse ? [48b] Cela peut parfois impliquer un abandon douloureux, un abandon de l'aisance, de l'inclination et, le plus dur de tous, de l'orgueil. Mais le soldat de l'armée terrestre cède immédiatement à son commandant, et combien plus devrions-nous, alors qu'il nous a choisis pour être son peuple, qu'il a effacé nos péchés par son sang, qu'il nous a appelés à sa propre communion, qu'il nous a scellés de son sang. Son sceau, et fait de nous les héritiers de Son Royaume ?

FOI ET EFFORT

« Notre Dieu combattra pour nous. » — NÉHÉMIE . iv. 20.

Je NE PEUX imaginer rien de mieux propre à rendre un peuple calme, paisible et courageux que de pouvoir dire avec foi : « Notre Dieu combattra pour nous ». Si nous pouvons dire cela, nous pouvons penser à notre pays et être assurés que, quoi qu'il arrive, tout est en sécurité. Si nous pouvons dire cela, nous pouvons voir le peuple de Dieu lutter pour Sa vérité, parfois très pressé et parfois complètement découragé ; mais lorsque nous regardons celui que Dieu a donné pour être le chef et le commandant du peuple, nous pouvons avoir le courage de penser que tout ira bien, car il est notre Dieu et il combattra pour nous. Ou bien, nous pouvons regarder nos propres difficultés personnelles, la tentation extérieure qui nous entoure et la tendance à céder intérieurement, qui nous rend perpétuellement soumis à son pouvoir ; et parfois nous pouvons être prêts à poser la question : ceux que nous sommes pourront-ils un jour remporter la victoire ? Mais si nous pouvons seulement dire avec foi : « Notre Dieu combattra pour nous », alors, aussi faibles que nous soyons, nous pouvons espérer un triomphe et dire même à l'avance : « Merci à Dieu qui nous donne la victoire. »

Mais il y a peu de cas dans lesquels ce langage de la foi était plus approprié que celui prononcé à l'origine par Néhémie. Néhémie était l'un des plus beaux personnages de toute l'histoire. Je ne connais personne chez qui il y avait une plus grande combinaison d'habitudes pratiques et commerciales, avec une foi vraie, simple d'esprit et enfantine. Alors qu'il était échanson du roi de Babylone, il apprit la désolation de Jérusalem et obtint la permission d'y retourner pour reconstruire les murs et restaurer la ville. Les Juifs de l'époque étaient si extrêmement faibles que les spectateurs se moquaient d'eux. Mais une fois les travaux commencés, le mépris fut remplacé par l'indignation, et Sanballat et d'autres « conspirèrent tous ensemble pour venir combattre contre Jérusalem et l'empêcher ». C'est alors que Néhémie utilisa ces paroles pour encourager grandement tous ceux qui travaillaient avec lui, et dit : « Notre Dieu combattra pour nous. »

Mais s'il parlait ainsi avec la pleine assurance d'une foi confiante, cette foi ne le conduisait pas à la négligence. La vraie foi ne mène jamais à la négligence. Il stimule toujours l'effort et suscite chez les hommes une énergie pleine d'espoir. Il en fut de même dans le cas de Néhémie, car le même verset qui contient l'assurance contient aussi l'esprit de préparation active. Nous étudierons la conduite de Néhémie comme fournissant une illustration de l'union de la foi et de l'effort, en examinant d'abord son effort, puis sa foi.

I. L'EFFORT FOURNI .

Cela a été fait dans des circonstances très décourageantes. La ville était en ruines, les murs étaient en tas et il n'y avait que quelques captifs restaurés pour travailler à leur restauration. Or, dans quel esprit ces faibles Juifs se sont-ils mis au travail ?

(1) Ils ont tous travaillé ensemble.

Il y a eu une action si unie et harmonieuse que nous aspirons à en être témoins dans l'Église de Dieu. C'est un vieux proverbe qui dit que « l'union fait la force ». Dans ce cas, le mur tout entier fut divisé et toutes les classes réunies. Viennent d'abord le souverain sacrificateur et ses frères, puis les hommes de Jéricho, bientôt suivis par les charpentiers, les orfèvres et les apothicaires. Puis vint le chef de la moitié de Jérusalem, suivi de Shallum et de ses filles ; plus loin, nous lisons l'histoire de Baruch, qui donna l'exemple à toute la compagnie, car il répara *sérieusement* la partie confiée à ses soins, jusqu'à ce qu'enfin le circuit soit terminé.

(2) Ils ont travaillé avec une volonté.

Le travail sans testament existe. Il y a le travail ennuyeux et paresseux de l'homme oisif, et le travail mécanique de ceux qui ne s'intéressent pas à ce qu'ils font. Tout comme en religion, il y a l'exécution languissante d'une routine aussi différente que possible de la véritable lutte avec Dieu dans la foi. Il n'y a pas d'âme là-dedans, et qui peut se demander s'il n'y a pas de résultat ? Dans ce cas, le résultat fut rapide, et ils construisirent le mur, et la raison est donnée, « parce que les gens avaient envie de travailler ». [51] Une leçon importante pour tout effort chrétien.

(3) Ils ont fait de réels sacrifices pour leur travail. Cela a dû être un grave inconvénient pour ces hommes de quitter leurs propres occupations et de travailler sur le mur ; mais ils travaillèrent nuit et jour jusqu'à ce que le mur se lève de ses ruines. Oh, que nous ayons davantage de cet esprit dans l'Église de Dieu ! Si seulement nous savions mieux lui donner pour nous pincer ; donner notre temps, notre argent, notre travail minutieux et notre véritable abnégation, afin de glorifier Dieu et de montrer que nous ne vivons pas pour nous-mêmes, mais pour Celui qui est mort pour nous et est ressuscité.

II. LEUR FOI .

Cela s'est manifesté de trois manières.

(1) Dans la prière.

Néhémie était un homme de prière. Quand un problème survenait, son cœur se tournait comme par un saint instinct vers Dieu, et ainsi, quand Tobija se moquait de leurs efforts, Néhémie ne donnait aucune réponse brutale, mais il tournait son cœur vers le haut et disait : « Écoute, ô notre Dieu, car nous sont méprisés. » [52a] Combien de conflits amers seraient évités dans le monde si les hommes agissaient comme Néhémie et, au lieu de répliquer, étendaient leurs provocations devant Dieu.

Mais la conduite des opposants passa bientôt de la moquerie à la guerre, et il y eut un plan pour attaquer les murs qui s'élevaient. Mais l'attaque a été accueillie de la même manière que l'insulte. Dans les deux cas, il s'adonnait à la prière. Je ne peux pas imaginer une meilleure illustration du croyant en prière que les paroles du verset 9 : « Néanmoins, nous avons adressé notre prière à notre Dieu, et nous avons placé une garde contre eux jour et nuit. » Ils entendirent parler de la conspiration et en répandirent aussitôt l'information devant Dieu ; mais ce faisant, ils ne considérèrent pas que la prière supplantait l'effort, mais ils montèrent jour et nuit leur garde sur les murs. S'ils avaient observé sans prier, ils auraient fait confiance à leur propre prévoyance ; et s'ils avaient prié sans regarder, ils auraient tenté Dieu de les quitter. Mais ils ont veillé et ils ont prié, et ils ont prié et ils ont veillé, et ainsi ils ont agi dans l'esprit des paroles qui nous ont été prononcées plus tard : « Veillez et priez ». [52b]

(2) Leur foi s'est également manifestée dans la reconnaissance de ce que Dieu avait fait pour eux. La foi non seulement demande l'aide de Dieu, mais elle la reconnaît. Cela lui rend grâce pour son action et lui demande d'agir ; ainsi, une fois le danger passé, nous voyons Néhémie attribuer tout cela à la bonne main de Dieu pour ses efforts. Il n'a pas dit : « Quand nous avions déjoué leurs plans », mais « Quand Dieu avait réduit à néant leurs conseils ». [53]

(3) La foi attend avec impatience l'avenir. Quand les ouvriers étaient tous à leur poste ; quand les bâtisseurs travaillaient, chacun ayant son épée ceinte au côté ; quand le trompette se tenait à côté du chef, prêt à tout moment à sonner l'alarme ; quand la voix de la prière avait été entendue jour et nuit tout le long de la ligne des murs qui s'élèvent ; quand tout ce que l'homme pouvait faire avait été fait, alors le cœur s'est élevé au-dessus de tout ce que l'homme avait fait, et dans une confiance calme et confiante, Néhémie assure le peuple, en disant : « Notre Dieu combattra pour nous. Il s'était préparé, mais il comptait sur Dieu pour la victoire. Il était à la tête d'un peuple faible, mais il était le serviteur du Dieu Très-Haut. Il savait que la bataille n'était pas réservée aux forts, ni la course aux rapides ; il reposa donc son espérance sur la main forte de son Dieu et, dans une foi simple, il lui fit confiance pour lui donner la victoire.

LA JOIE DU SEIGNEUR

«Par qui aussi nous avons accès par la foi à cette grâce dans laquelle nous nous tenons et nous réjouissons dans l'espérance de la gloire de Dieu. Et non seulement cela, mais nous nous glorifions aussi dans les tribulations. » — ROM . v.2, 3.

LA joie du Seigneur est un sujet qui touche le cœur de beaucoup. Certains se réjouissent dans le Seigneur, tandis que d'autres aspirent à y participer ; c'est un don après lequel leur cœur aspire.

Considérons le véritable fondement d'une joie vraie, solide et bien fondée. Dans ces deux versets se trouve une description de la joie et de sa puissance. Il y a la joie, car « nous nous réjouissons dans l'espérance de la gloire de Dieu », et il y a la puissance de cette joie, car elle s'élève au-dessus des troubles de la vie, et nous nous réjouissons « même dans la tribulation ». Il y a donc une si brillante espérance de la gloire à venir, que nous pouvons poursuivre notre chemin avec un cœur reconnaissant, en nous réjouissant dans le Seigneur ; et il y a une telle manifestation de l'amour du Christ dans l'âme par la puissance du Saint-Esprit, que la détresse de la tribulation est vaincue, et même au milieu de la tristesse, il peut y avoir une joie permanente en Jésus-Christ le Seigneur.

Observez le fondement de cette joie et voyez comment elle est la conséquence de notre ferme position en Jésus-Christ. Lorsque nous nous réjouissons dans l'espérance de la gloire de Dieu, et que nous nous réjouissons même dans les tribulations, cette joie est la conséquence d'une transaction antérieure et le résultat de notre occupation d'une nouvelle position. Nous avons eu accès, ou admission, et nous sommes maintenant dans sa grâce. C'est la position dans cette grâce qui est le fondement de la joie de l'espérance. Cela nous amène à la question : « Qu'est-ce que la grâce ?

Le mot « grâce » a différentes significations dans les Écritures. Parfois, cela signifie l'œuvre intérieure de Dieu le Saint-Esprit dans l'âme, comme lorsqu'il est dit : « Grandissez dans la grâce ». [55a] Mais telle n'est pas notre position, pour la simple raison qu'elle est imparfaite et variable. Mais ce n'est pas le seul sens du mot, ou presque, car il est utilisé pour désigner tout grand don d'amour et de miséricorde accordé dans la libre faveur de Dieu à son peuple. Nous devons considérer quel est le don gratuit ou la faveur auquel nous avons eu accès et qui constitue désormais notre terrain d'entente. Cette question, le contexte doit trancher ; et il me semble impossible d'étudier ce contexte, sans arriver à la conclusion que la grâce dont il est question ici est celle qui doit toujours être le véritable lieu de repos pour ceux qui sont convaincus du péché, une justice imputée à la grâce gratuite de Dieu. [55b]

C'est donc la grâce dans laquelle nous nous trouvons, la grâce de l'imputation, le don gracieux d'une justice qui nous est comptée, comptée ou imputée alors que nous ne la méritons pas ; la merveilleuse miséricorde par laquelle nous sommes considérés comme justes, acceptés comme justes, aimés comme justes et finalement sauvés comme justes, bien que nous ne le soyons pas vraiment en fait, et bien que nous soyons conscients dans nos propres cœurs de la matière de l'humiliation la plus profonde avant Dieu. Qui peut s'étonner que nous nous réjouissions dans l'espérance lorsque nous sommes placés dans la miséricorde sur un terrain aussi stable ?

Ceci, remarquez-vous, est une œuvre *pour* nous, et non *en* nous, et par conséquent ne varie jamais. Le travail *en* nous est en perpétuelle évolution. C'est un travail progressif, et ses progrès sont parfois beaucoup plus rapides que d'autres. Mais le travail *pour* nous ne monte pas et ne diminue pas avec le travail *en* nous ; il est immuable, comme Dieu lui-même. La justice imputée est la justice de Dieu, et donc parfaite et immuable. Cela ne change pas pour la simple raison qu'Il ne change pas, et donc toujours, dans les nuages comme dans le soleil, dans les jours sombres comme dans les jours clairs, à l'heure de la tribulation comme à la saison de prospérité sans mélange, aux temps de Dans l'humiliation la plus profonde ainsi que dans celles de l'émotion et de l'encouragement, le croyant justifié peut se réjouir en Lui et triompher dans le Dieu de son salut. C'est cela qui donne sa sécurité à l'espoir, cela qui nous assure qu'il ne faillira jamais. Si nous comptions sur tous les changements variés de nos propres sentiments, il pourrait y avoir de la joie un jour et du désespoir le lendemain ; mais tant que nous sommes dans la grâce de la justice imputée, notre espérance a un fondement qui ne peut jamais céder, et c'est pourquoi nous pouvons accepter la joie sans crainte et nous réjouir dans l'espérance de la gloire de Dieu.

Quel est le grand principe au sein de l'âme qui constitue notre position dans cette grâce ?

À cette question, nous trouverons une réponse dans les paroles de saint Paul : « Tu tiens par la foi ». [56] Et c'est exactement ce qui nous est enseigné dans ce passage. Au verset 1, on nous enseigne que c'est par la foi que nous sommes justifiés ; et puis, au verset 2, nous apprenons que c'est par la foi que nous avons accès à cette grâce dans laquelle nous nous trouvons. Du début à la fin, c'est donc une question de foi. Tout le secret de notre position et de la joie qui en découle se trouve dans ce seul mot « confiance ». Faites confiance au Seigneur Jésus-Christ comme à votre sacrifice accompli et à votre Seigneur vivant, et tenez-vous debout sur le rocher. Laissez votre confiance reposer sur autre chose, sur vos sentiments, vos pensées, votre expérience, vos intentions ou vos efforts religieux, et vous ne valez pas mieux que des hommes qui s'efforcent de marcher d'un pas ferme sur les vagues de la mer. Mais faites confiance au Christ *tel que* vous êtes, *là où* vous êtes, et cela sans même mettre votre propre confiance entre vous et Lui, et vous pourrez continuer votre chemin en vous réjouissant en Lui, et n'aurez jamais besoin de cesser de rendre grâce pour un fondement si solide et une grâce si solide. tellement libre.

L'ŒUVRE DU SEIGNEUR

« Soyez fermes, inébranlables, toujours abondants dans l'œuvre du Seigneur, dans la mesure où vous savez que votre travail n'est pas vain dans le Seigneur. » — 1 COR. XV. 58.

NOUS avons récemment étudié « la joie du Seigneur », et maintenant j'ai hâte que nos pensées soient tournées vers un autre sujet, qui y est beaucoup plus intimement lié que beaucoup ne semblent le supposer, à savoir l'œuvre du Seigneur. La joie du Seigneur donne la force de servir, et le service du Seigneur augmente la joie. Il y a une action et une réaction entre les deux.

QU'ENTEND-ON PAR L'ŒUVRE DU SEIGNEUR ?

C'est *du travail* – du travail avec tout l'abnégation qui accompagne un travail régulier.

C'est un travail *pour* le Seigneur. Quand nous disons qu'un père travaille pour sa famille, ou un serviteur pour son maître, cela ne veut pas dire qu'il vaque à ses affaires, mais cela veut dire qu'il a en vue une certaine personne et qu'il est travailler pour lui. Nous sommes des créatures si pauvres et si fragiles qu'il y a une tendance constante à admettre des motivations dans notre travail. Je sais combien il est difficile de garder un seul œil sur la gloire de Dieu. La propre réputation et le grand plaisir de réussir ont une tendance constante à introduire de faux motifs. Ce que nous voulons, c'est perdre complètement de vue notre identité et nous rappeler que si nous faisons l'œuvre *du* Seigneur, nous la faisons *pour* le Seigneur.

C'est l'œuvre *du* Seigneur. C'est l'œuvre à laquelle le Seigneur a assigné chacun de nous. Lorsque Dieu appela Barnabus et Paul, Il dit : « Séparez-les pour l'œuvre à laquelle je les ai appelés. » [59a] Or, nous ne sommes pas appelés à l'apostolat, mais je crois qu'il n'y a pas un seul individu parmi nous qui ne soit appelé par Dieu à une certaine œuvre à son service. On dit que l'Église de Dieu est « compactée par ce que chaque joint fournit ». [59b] Il n'y a donc pas une articulation dans tout le corps qui ne doive fournir quelque chose. Tous ceux qui sont en Jésus-Christ sont enfants de Dieu, et tous sont appelés à travailler à son service, l'homme fort dans la plénitude de sa force, ou le malade souffrant, terrassé par une santé brisée.

Ceci étant donc le caractère de l'œuvre du Seigneur, tournons-nous vers l'encouragement que Dieu a donné et la racine d'où il jaillit.

LES ENCOURAGEMENTS.

Il y a certaines choses dans notre vie chrétienne auxquelles nous pensons, certaines que nous espérons et certaines que nous connaissons. Nous en connaissons quelques-uns, car ils nous sont assurés dans la parole de Dieu, et nous sommes pleinement persuadés que sa parole est vraie. Voici maintenant une des choses que nous savons, que nous savons avec certitude et sans possibilité de doute. Nous savons que notre travail n'est pas vain dans le Seigneur. Il peut souvent nous paraître extrêmement faible et défectueux : nous pouvons avoir honte et nous humilier de ses défauts multipliés ; nous pouvons le regarder en arrière, pour ainsi dire alvéolé par des erreurs : nous pouvons être conscients que nous avons laissé de côté ce que nous aurait dû le faire, et nous pouvons être douloureusement conscients que rien n'a été fait comme il aurait dû l'être pour Dieu, mais nous sommes néanmoins assurés que cela ne sera pas en vain. Quand Samuel n'était qu'un enfant, « l'Éternel était avec lui et ne laissa aucune de ses paroles tomber à terre » [60a] et nous pouvons être sûrs qu'il ne laissera pas tomber à terre une seule parole prononcée en son nom. maintenant. Si le Seigneur est avec vous, rien de ce que vous ferez pour lui ne sera vain. Vous n'en verrez peut-être pas les fruits, ou si vous le voyez, c'est peut-être après des années d'attente, mais le Seigneur sait tout à ce sujet. Il voit exactement ce que vous faites, ou dites, ou donnez, ou priez, et le livre de souvenir est écrit devant Lui. Vous pouvez vous-même être un des êtres cachés de Dieu, et le jour où Il composera Ses joyaux, [60b] vous pourrez alors rencontrer d'autres, cachés comme vous, à qui votre travail, si faible soit-il, a été béni dans Sa miséricorde. Attachez-vous donc sans hésitation à l'œuvre du Seigneur. Ne laissez aucun découragement vous décourager, restez ferme sur votre chemin, affaibli mais poursuivant, étant parfaitement assuré que ce que Dieu a promis, il est également capable de l'accomplir, et que même votre pauvre service ne sera pas vain dans le Seigneur.

LA RACINE D'OÙ TOUT TEL TRAVAIL DOIT JAILLIR .

La promesse n'est pas attachée à toutes sortes de travaux, car il y a beaucoup de travail qui est entièrement vain. « Si le Seigneur ne bâtit la maison, ceux qui la bâtissent travaillent en vain. » [60c] Et la distinction nous est très clairement enseignée ici, car l'œuvre dont il est question ici est un travail « dans le Seigneur ». Il enseigne comment le travail est la conséquence de l'union ; que nous ne faisons pas l'œuvre du Seigneur afin qu'en la faisant nous puissions parvenir à l'union, mais que l'union vient en premier et que l'œuvre du Seigneur en résulte. Il n'y aura pas de fruit sur le sarment s'il n'y a pas d'abord une union avec la vigne. Il n'y a donc aucun espoir qu'un homme parvienne à s'unir à Christ par un travail minutieux. Si votre cœur aspire à cette union, vous devez l'accepter comme un don gratuit parce que le Christ Jésus, le Fils de Dieu, vous a racheté par son sang le plus précieux, et vous devez le faire tel que vous êtes, sans même attendre un effort de plus à Son service. Vous devez être « dans le Seigneur » avant de pouvoir « travailler dans le Seigneur », et cette union doit être le don gratuit de sa grâce imméritée. Vous devez être créé en Lui pour de bonnes œuvres avant de faire quoi que ce soit pour Sa gloire. [61]

L'EXPÉRIENCE CHRÉTIENNE DANS LA CONFIRMATION DE LA FOI

je me réjouirai à l'ombre de tes ailes. » - PSAUME lxiii. 7.

Je SOUHAITE parler de l'utilisation importante de l'expérience chrétienne dans la confirmation de la foi. Je dis dans la confirmation de la foi, car il y a la plus grande différence possible entre la confirmation et le commencement. L'expérience peut confirmer la foi lorsqu'elle existe déjà, mais la foi doit évidemment être là avant que l'on puisse expérimenter son résultat.

Au début de notre parcours chrétien, nous n'avons rien d'autre à faire que de nous jeter avec une confiance absolue dans les promesses sûres de l'alliance de Dieu et de nous reposer exclusivement sur ce qu'il a fait et promis. Nous n'avons donc rien à voir avec notre propre histoire, nos propres sentiments ou notre propre progrès, c'est le Christ et le Christ seul sur qui l'âme doit reposer pour la vie. Ainsi, si nous regardons vers le véritable fondement de la foi, ce doit être jusqu'au dernier jour de notre pèlerinage. C'est un moment fatal pour nous si nous sommes amenés à détourner un seul instant notre regard de Lui. Mais en même temps, nous devons nous rappeler que nous ne sommes pas toujours au début de notre vie chrétienne. Celui qui a fait confiance au Seigneur Jésus-Christ et a marché avec lui pendant de nombreuses années n'est pas dans la même situation que celui qui le cherche aujourd'hui pour la première fois. Il a fait l'expérience de la bonté de cœur du Seigneur. Il ne l'a jamais trouvé en échec dans aucune des angoisses de sa vie, et s'il pouvait faire confiance il y a de nombreuses années alors qu'il n'avait rien d'autre que la simple promesse, combien plus peut-il faire confiance au Sauveur maintenant que la vérité de sa parole a été démontrée. éprouvé dans toutes les expériences variées de la vie ?

Le Seigneur Jésus-Christ est décrit comme « un fondement sûr » ; [63a] bien sûr, car Il est le fondement posé par Dieu ; bien sûr, à cause de sa propre divinité éternelle ; sûr, donc, comme objet de simple confiance avant qu'une personne n'ait eu la moindre expérience de sa grâce. Pour le pécheur tremblant qui lui a été jusqu'ici totalement étranger et qui n'a jamais rien connu de son amour, même pour lui, il est un fondement sûr, et bien qu'il ne le connaisse que par la parole, ce pécheur tremblant peut venir à lui et avoir confiance. . Mais selon ce même verset, Il est aussi un fondement éprouvé. Il a été éprouvé par toute l'Église de Dieu pendant dix-huit siècles et n'a jamais failli à quiconque s'est adressé à Lui avec foi. Il a été éprouvé par nous qui l'avons connu pendant la plus grande partie de notre vie, et nous ne devons pas ignorer tout ce qu'il a fait pour nous, mais dire, comme l'a fait saint Jean, non seulement que nous avons cru, mais que « nous avons connu et cru à l'amour que Dieu a envers nous. [63b]

Voilà le principe du texte. Le Psaume a été écrit alors que David était en grande difficulté, après avoir fui devant Saül dans le désert de Juda. Il était là, caché dans des grottes comme Adullam, et retranché du sanctuaire de Dieu. Mais c'est un Psaume très joyeux et reconnaissant. Il n'était pas découragé à cause de ses difficultés, mais il avait une telle assurance de la bonté de cœur du Seigneur que son cœur était plein de louange. Il pouvait le louer, et cela avec des lèvres joyeuses, même dans le désert. La raison en était qu'il pouvait lui faire confiance et, bien qu'il ne soit qu'un jeune homme, sa confiance avait été confirmée par l'expérience. Il avait été en difficulté presque tout le temps depuis son appel, mais il avait trouvé un bras fort avec lui tout au long du chemin, et c'est pourquoi il dit : « Parce que tu as été mon aide, c'est pourquoi à l'ombre de tes ailes je me réjouirai. » Dans ce verset, il y a deux choses à observer :

I. LA RECONNAISSANCE RECONNAISSANTE DE L'AIDE DÉJÀ APPORTÉE

.

Le Seigneur l'avait aidé à surmonter de nombreuses difficultés et il reconnaissait avec gratitude son aide. Nous ne savons pas à quel acte d'aide particulier il faisait référence. Cela peut être dû à sa victoire sur Goliath ou à sa fuite du javelot de Saül. Ou bien il peut s'agir de l'aide quotidienne et horaire apportée à sa propre âme dans toutes les difficultés de sa situation ; à cette aide qui n'a pas sa place dans l'histoire, mais qui est la source incessante de vie et de force pour l'enfant de Dieu. Mais quel que soit le caractère particulier de cette aide, il est parfaitement clair qu'elle a été acceptée et reconnue. Il a demandé de l'aide, il l'a trouvée, il l'a reconnu et il en était reconnaissant.

Apprenons la leçon selon laquelle nous ne devrions pas toujours prier pour obtenir de l'aide et craindre de la reconnaître lorsqu'elle nous est donnée. C'est notre privilège de demander ce don, mais c'est aussi notre privilège et notre devoir de le reconnaître.

II. LA JOYEUSE ASSURANCE POUR L'AVENIR .

Il savait qu'il croyait en un Dieu qui ne change pas, tout comme nous croyons que le Seigneur Jésus-Christ est « le même hier, aujourd'hui et éternellement » [64] et le résultat était l'assurance que Celui qui avait aidé jusqu'à présent, il l'aiderait jusqu'au bout. Il savait que son Dieu ne changerait pas et c'est pourquoi il était heureux et confiant même s'il se trouvait dans « un pays aride et assoiffé ». [65a] Sa joie ne dépendait pas des circonstances, mais de Dieu, et ayant confiance en sa grâce immuable, il pouvait être heureux n'importe où. Il se réjouissait du Sanctuaire, et nous lisons au verset 2 comment il y avait vu dans son âme la puissance et la gloire de Dieu. Mais le même Seigneur qui l'avait aidé dans le Sanctuaire l'aiderait aussi dans la grotte, et c'est pourquoi il n'était pas un homme malheureux même dans le désert, mais il dit : « Parce que ta bonté est meilleure que la vie, mes lèvres Louez-vous.

Et ce n'était pas un principe nouveau dans son esprit, car nous le voyons agir selon ce principe alors qu'il était tout à fait jeune. C'est ce principe qui l'a poussé à entrer en conflit avec Goliath, car lorsque Saül l'en dissuada, il dit : « L'Éternel qui m'a délivré de la patte du lion et de la patte de l'ours, Il le fera. délivre-moi de la main de ce Philistin. [65b] Ainsi, la reconnaissance de l'aide passée devrait conduire à une confiance confiante. Si nous avons trouvé une aide réellement apportée, si nous avons des raisons de croire que Dieu nous aide maintenant, nous pouvons regarder avec audace vers l'avenir et être parfaitement sûrs qu'Il nous aidera jusqu'au bout.

LA VENUE DU SEIGNEUR

L'EFFET PRATIQUE DE CETTE ESPÉRANCE BÉNIE SUR LA VIE ET LE CARACTÈRE

« Soyez également patients ; affermissez vos cœurs : car l'avènement du Seigneur approche. » – SAINT JACQUES v. 8.

L' espoir de l'approche prochaine de la venue du Seigneur devrait nous conduire à être attentifs au monde et à ses choses. Il n'y a pas de plus grande tentation sur notre chemin que celle de nous laisser entraîner dans les choses du monde. Nous filons sans cesse des toiles d'araignées pour notre propre esclavage, et sommes ensuite pris dans notre propre toile. D'où l'importance du pouvoir de sevrage de la bienheureuse espérance de la venue prochaine de notre Seigneur et Sauveur. Cela s'applique au chagrin.

Il y avait des douleurs au temps de saint Paul, tout comme aujourd'hui, et il ne nous a jamais appris à ne pas pleurer. Ce qu'il a enseigné, c'est que nous « ne devrions pas nous affliger comme ceux qui n'ont pas d'espoir ». Le caractère du chagrin peut être modifié. Et quel était le pouvoir qui devait ainsi changer le caractère du chagrin ? Le verset suivant fournit la réponse. « Car si nous croyons que Jésus est mort et ressuscité, de même ceux qui dorment en Jésus, Dieu les amènera avec Lui. » Nous pouvons [donc] nous attendre à son retour rapide, lorsque les tombeaux de ceux qui sont en Christ s'ouvriront et lorsque toute tristesse sera perdue pour l'éternité dans le privilège béni d'être « toujours avec le Seigneur ». [67a] Un tel espoir ne suffit-il pas pour changer le caractère de la douleur ?

Cette espérance bénie change aussi le caractère de notre joie.

Tout comme cela donne un ton au chagrin, il en donne aussi à la joie. Cela le rend sobre et solide. Cela lui confère un caractère calme, paisible et éternel. Tournons-nous vers les paroles de saint Paul. « Réjouissez-vous toujours dans le Seigneur, et je le répète : réjouissez-vous. » [67b] Et observez le verset qui suit : « Que votre modération soit connue de tous. Le Seigneur est proche. » Que votre joie soit la joie sobre des hommes qui croient que la venue du Seigneur est proche ; la joie calme, assurée et constante de ceux qui, étant dans le Seigneur, sont persuadés qu'ils seront avec le Seigneur pour toujours.

Et le même effet suivra pour tous nos biens.

Que personne ne suppose que nous ne devons pas apprécier ces précieux dons que Dieu nous a donnés. Devons-nous penser à la légère l'argent, le temps, l'influence, le pouvoir ? En aucun cas ; mais si nous croyons que la venue du Seigneur est proche, nous devons faire attention à tout cela, car tout cela fera bientôt place aux gloires de son royaume. Souvenez-vous des paroles passionnantes de saint Paul : « Le temps est court » [67c] et de l'exhortation qui suit à « user de ce monde, sans en abuser ».

Si nous croyons que la venue du Seigneur est proche, nous devons nous réveiller et éteindre nos lampes.

Nous ne devons jamais oublier que les vrais croyants peuvent devenir froids, ennuyeux et somnolents. Ainsi, même les vierges sages dormaient lorsque l'Époux arriva. Mais ils étaient parfaitement préparés, aussi furent-ils debout au moment où ils entendirent le cri, et, après avoir réglé leurs lampes, ils étaient prêts. Or, la pensée de Son apparition devrait avoir cet effet sur nous-mêmes. Qui parmi nous ne veut pas être vivifié ? être éveillé à une énergie nouvelle pour Dieu ; avoir l'âme remplie d'une sainte ferveur et le cœur tout entier rayonnant de l'amour du Christ ? Qui ne désirerait pas répondre avec toutes les facultés qu'il possède à l'appel émouvant de saint Paul : « Et, connaissant l'heure, il est grand temps maintenant de se réveiller du sommeil ; car maintenant notre salut est plus proche que quand nous avons cru. La nuit est loin, le jour est proche. [68a] Devons-nous continuer à dormir comme si le vieux monde existait pour toujours ? Croyons-nous vraiment que « l'Époux vient » [68b] et ne devons-nous pas éteindre nos lampes sans délai afin que, lorsqu'Il viendra, Il puisse les trouver brûlant brillamment pour Sa gloire ?

Si nous attendons la venue rapide du Seigneur, elle devrait nous conduire à une espérance calme, heureuse et paisible au milieu des troubles des derniers jours.

Rien ne nous permet d'espérer une fin sereine de l'état actuel des choses. Notre Seigneur, quand Il viendra, viendra, pour ainsi dire, chevauchant le tourbillon et la tempête. Il est très courant de trouver à l'embouchure des plus beaux ports une barre avec de lourds brisants, et c'est pourquoi nous devons nous préparer à une mer agitée lorsque nous entrons dans le havre de repos. Notre Seigneur l'a enseigné très clairement lorsqu'Il a dit : « Il y aura des signes dans le soleil, dans la lune et dans les étoiles ; et sur la terre la détresse des nations, avec perplexité ; la mer et les vagues rugissantes. [68c] Et maintenant observons l'effet de ces événements sur différents personnages. Dans le monde entier, ils provoquent ce que l'on pourrait appeler une panique : « le cœur des hommes leur manque de peur ». [69a] Mais qu'est-ce que ça fait d'être avec le peuple de Dieu ? Leur cœur va-t-il les lâcher à cause de la peur ? Non, car nous lisons : « Quand ces choses commenceront à arriver, alors levez les yeux et relevez la tête. » [69b] Ils ne doivent pas se courber, mais garder la tête droite et, avec un esprit confiant, lever les yeux pleins d'espérance. Et pourquoi? Qu'est-ce qui fait une si grande différence entre les deux personnages ? Comment expliquer le contraste ? Tout est expliqué dans la dernière partie de ce verset : « Car votre rédemption approche. » Il est parfaitement clair que par rédemption, on entend ici la délivrance finale, car dans le verset précédent [69c] nous lisons la venue finale du Libérateur. Cette paix calme est donc le résultat béni d'une espérance bénie. Le peuple de Dieu saura que le Libérateur est proche et n'aura donc pas peur. Ils croiront la Sainte Parole de Dieu et, par conséquent, ce qui alarme les autres les encouragera. La même tempête qui coule les grands cuirassés à l'extérieur ramènera leur petite barque au port. Ils sauront ce que tout cela signifie et, avec la Parole de Dieu en main, ils sauront qui règne et verront dans tout ce qui effraie les autres les signes prédits de son approche prochaine.

UN MOT EN CONCLUSION .

Le mot « rédemption » a un double sens dans l'usage courant. Il est parfois utilisé simplement pour l'expiation ou la propitiation, et parfois pour la grande délivrance qui est la conséquence de la grande propitiation. Il est clair que dans ce passage, il est utilisé pour la délivrance. Mais une autre chose est également claire, à savoir que nous ne pourrons jamais nous reposer dans l'espoir de la délivrance à moins qu'on ne nous enseigne d'abord à nous reposer pour le pardon sur la propitiation achevée. La rédemption par le pouvoir est la conséquence de la rédemption par le sang. C'est la rédemption par la puissance dont le Seigneur a dit : « Il s'approche » ; mais nous ne pourrons jamais relever la tête et regarder avec joie cette perspective, à moins que nous ne connaissions d'abord dans notre propre âme la bénédiction indescriptible de cette rédemption par le sang qui est depuis longtemps achevée pour toujours. Ce n'est que lorsque nous connaissons Jésus-Christ et Lui crucifié que nous pouvons regarder avec une confiance calme et paisible vers Jésus-Christ et Lui glorifié.

« AVEC » ET « PAR »

« Et lorsqu'ils furent arrivés et qu'ils eurent rassemblé l'Église, ils racontèrent tout ce que Dieu avait fait avec eux, et comment il avait ouvert la porte de la foi aux païens. » — ACTES XIV. 27.

IL existe peu d'institutions plus anciennes que la réunion missionnaire. Son origine est véritablement apostolique. La première réunion de ce type dont nous lisons eut lieu à Antioche après le retour de saint Paul de son premier voyage missionnaire. C'est d'Antioche qu'il partit, après avoir été recommandé par les frères à la grâce de Dieu ; et ce fut à Antioche, après son retour, qu'il rassembla l'Église et leur répétait tout ce que Dieu avait fait avec eux au cours de son voyage. C'est le grand sujet de son discours, et il nous proposera trois sujets d'enquête.

I. QU'AVAIT-ON FAIT ?

En premier lieu, la porte de la foi avait été ouverte aux Gentils. Par « la porte de la foi », nous devons certainement comprendre cette « voie nouvelle et vivante » dont nous parlons dans Hébreux. [71] Et qu'est-ce que c'est que ce chemin ? Cela n'est-il pas expliqué par le verset précédent : « Ayant donc la hardiesse d'entrer dans le lieu très saint par le sang de Jésus ? » C'est le libre accès au trône de la Grâce à travers la propitiation achevée et finale, décrite ici comme « le sang de Jésus ». Quand il mourut, le voile du temple fut déchiré en deux, du haut vers le bas, et le propitiatoire fut ouvert au pécheur qui s'approchait avec foi, et l'invitation était proclamée à tous. Le trône de justice est devenu le trône de la miséricorde, et le trône du jugement est devenu accessible même au pécheur, car il a été transformé en trône de grâce.

C'est la porte de la foi qui a été ouverte aux Gentils, et il nous est très difficile de réaliser tout ce qu'implique un tel fait. Il y avait un mur de séparation intermédiaire entre Juifs et Gentils qui les maintenait aussi éloignés que s'il n'y avait pas eu de Sauveur commun. Mais maintenant, saint Paul rapportait que le mur du milieu avait été détruit. [72a] Chaque pierre en avait été balayée, et, selon l'alliance de Dieu, tous étaient invités comme un seul troupeau autour d'un seul berger.

Mais ce n'était pas tout ce qui avait été fait. La grande œuvre de ce voyage missionnaire a été de pousser le cœur des Juifs et des Gentils à entrer par cette porte ouverte. C'est une chose d'ouvrir une porte devant quelqu'un, mais c'est souvent une chose bien plus difficile de l'inciter à entrer. Le grand résultat de ce voyage fut que de nombreuses âmes précieuses furent introduites par la porte ouverte, et en Christ. Jésus a été sauvé. C'est l'œuvre dont saint Paul rendit compte à son retour à Antioche. S'il mentionnait des individus, il leur parlait sans doute de Sergius Paulus, le pro-consul romain à

Paphos, cet « homme prudent », [72b] l'un des premiers convertis donnés à l'Apôtre. Ensuite, il leur parla sans doute de la grande multitude de Juifs et aussi de Grecs d'Iconium qui croyaient. [72c] Et si on l'interrogeait sur la réalité de l'œuvre dans leurs âmes, il leur parlait sans doute du beau caractère des chrétiens de l'autre Antioche, Antioche de Pisidie, dont il est dit : « les disciples étaient remplis avec joie et avec le Saint-Esprit. [73]

Ils étaient en effet entrés par la porte ouverte. Ils avaient goûté à la joie de vivre, ils avaient été amenés à l'ombre du propitiatoire. Ils s'étaient assis sous son ombre avec un grand plaisir et avaient trouvé le fruit doux à leur goût. Le changement avait été si merveilleux que les hommes mêmes qui, avant ce voyage mémorable, vivaient, certains dans l'hostilité juive, et d'autres dans une abomination païenne, étaient maintenant des croyants heureux, saints, reconnaissants, et étaient réellement remplis du Saint-Esprit. Nous voyons donc ce qui a été fait. La question suivante est...

II. Qui était l'Acteur ?

Saint Paul et saint Barnabas étaient les principaux agents, et parmi eux saint Paul était le principal orateur, mais ce n'est pas lui qui a changé les cœurs ni rempli les disciples de joie et du Saint-Esprit. Il ne dit donc pas ce qu'il *avait* fait, mais ce que Dieu avait fait. L'attraction du pécheur, qu'il soit Juif ou Gentil, vers la voie nouvelle ou vivante était un acte divin. Pour ouvrir le cœur, il fallait une puissance divine autant que pour ouvrir la porte. Il est important que nous gardions clairement à l'esprit ce principe, selon lequel le pouvoir d'entrer est en soi un don de Dieu — et que nous devons lui faire confiance non seulement pour nous sauver une fois entrés, mais aussi pour nous permettre d'y entrer. ; non seulement pour nous faire miséricorde lorsque nous nous sommes approchés de lui, mais pour nous rapprocher par son propre Esprit.

III. De quelle manière le Seigneur a-t-il utilisé l'action humaine ?

Deux expressions sont employées qui jettent une grande lumière sur le sujet. Dans ce verset, nous lisons les choses que Dieu avait faites *avec* eux, et la même expression apparaît dans Actes XV. 4. Mais si nous passons aux Actes XV, nous trouvons qu'il est dit que « Dieu avait agi sur les païens *par* eux ». [74a] L'une des expressions implique la camaraderie, l'autre l'instrumentalité. Considérez-les séparément.

(1) « Avec ».

L'idée est que tout au long du voyage, notre Seigneur accomplissait littéralement sa promesse. "Je suis toujours avec toi." [74b] Ils sortirent pour prêcher en Son nom et Il les accompagna, comme leur compagnon et ami constant, indéfectible, bien qu'invisible. Ainsi, pendant qu'ils agissaient, Lui aussi agissait. Les deux agissaient ensemble et accomplissaient ainsi le seul dessein de Dieu. L'action du Seigneur donnait effet à l'action du prédicateur, même si, dans certains cas, elle en était tout à fait indépendante. Prenons le cas de Lydia comme illustration. [74c] Saint Paul prêchait à cette petite troupe rassemblée au lieu de prière au bord de la rivière à Phillipi. Il y a eu l'action du prédicateur. Mais maintenant, regardez l'action du Seigneur travaillant avec lui. Par sa providence prévoyante, il avait ramené Lydia de sa maison à Thyatire, et par son Esprit directeur, il avait ramené saint Paul de son travail en Asie Mineure. C'est Lui qui les a amenés tous les deux au même endroit ce sabbat matin. Puis, pendant que saint Paul prêchait, le Seigneur agissait, car il agissait avec son serviteur, d'abord par la direction préparatoire de sa providence, et ensuite par le mouvement d'ouverture du cœur du Saint-Esprit.

(2) Et cela m'amène à l'autre expression, « *par* ». Cela exprime quelque chose de différent de la camaraderie, car cela enseigne qu'en attirant ainsi les pécheurs à lui, il se sert des hommes comme d'instruments. Dans le cas de Lydie, le Seigneur a ouvert son cœur, mais les paroles prononcées par saint Paul ont été l'instrument que Dieu a utilisé pour la conduire à la foi. Ce n'est pas sans instrument, mais par lui, que Dieu a agi. Il est important de garder cela à l'esprit : l'instrumentalité humaine n'est pas en antagonisme avec la foi. Nous devons nous souvenir du « par » ainsi que du « avec » et que lorsque Dieu a donné des moyens, nous ne l'honorons pas en les négligeant ou en les ignorant. Saint Paul était très soucieux d'insister auprès des Corinthiens sur le fait que c'était Dieu seul qui avait donné l'augmentation, mais ce faisant, il ne s'est pas dissuadé d'ajouter qu'il avait planté et qu'Apollos avait arrosé. [75] Nous savons que Dieu est un Souverain, et que Lui, s'Il le voulait, pourrait rassembler toute la compagnie de Ses élus sans qu'un seul homme travaille pour Lui ; mais nous savons aussi que « par nous » la prédication doit être pleinement connue, et nous sommes pleinement persuadés que si nous voulons récolter, nous devons à la fois planter et arroser.

L'agitation de l'esprit

« Et l'Éternel éveilla l'esprit de Zorobabel, fils de Shealtiel, gouverneur de Juda, et l'esprit de Josué, fils de Josedech, le grand prêtre, et l'esprit de tout le reste du peuple ; et ils vinrent et travaillèrent dans la maison de l'Éternel des armées, leur Dieu. » — HAG . je. 14.

CONSIDÉRONS cet éveil de la volonté, puis son grand besoin même parmi le peuple fidèle de Dieu.

I. Nous lisons beaucoup dans l'Écriture sur un mouvement dans la volonté, comme nous le savons dans la vie pratique, comment nous sommes nous-mêmes émus ou excités à de nombreuses occasions. Nous savons ce que c'est que d'être comme Pierre, qui dormait dans la prison jusqu'à ce que l'Ange du Seigneur « le frappe sur le côté et le relève, en disant : Lève-toi vite ». [76a] Nous sommes souvent poussés à faire un *effort* auquel nous n'avions jamais pensé auparavant, et toute notre âme est en feu pour travailler avec un saint enthousiasme pour Dieu.

Or, cet éveil de l'esprit est l'acte de Dieu lui-même. Je suis tout à fait conscient qu'il y a des passages dans lesquels l'homme est décrit comme s'agitant, comme par exemple : « Il n'y a personne qui invoque ton nom, qui s'excite pour s'emparer de toi. » [76b] Mais une telle expression est la description de l'effet extérieur, et non du mouvement intérieur de l'âme, comme le prouve ce texte même, qui nous donne la raison de l'absence d'un tel mouvement : « Tu as caché Ton visage loin de nous. C'est parce qu'il avait caché sa face que personne n'a été incité à s'emparer de sa grâce. Ainsi saint Paul nous enseigne que c'est Dieu lui-même qui opère la volonté. Il exhorte le petit troupeau de Philippes à être plus diligent en son absence qu'il ne l'était en sa présence, [77a] et dans le verset suivant, il nous donne la raison que « C'est Dieu qui produit en vous le vouloir et le faire. Son bon plaisir. Ainsi, dans ce passage, lorsque Zorobabel fut incité à une nouvelle action, c'est le Seigneur qui éveilla son esprit et qui produisit un sentiment si fort et si profond dans son âme qu'il ne pouvait se reposer sans faire un nouvel effort pour le Seigneur. Cette émotion était le résultat béni de l'action du Saint-Esprit. Oh, que nous en avions davantage entre nous !

Mais bien que ce soit l'œuvre du Saint-Esprit, nous constaterons qu'en règle générale, il utilise des moyens. Bien sûr, s'Il le veut, Il peut Lui-même parler à l'âme par le biais d'une communication personnelle directe, et ainsi éveiller le cœur et la conscience sans l'aide d'aucun instrument humain. Mais dans la plupart des cas, Il utilise des moyens.

Parfois les hommes sont émus par la vue du mal, comme saint Paul était ému en esprit par la vue de l'idolâtrie à Athènes. [77b] Et il semble étrange que le peuple fidèle de Dieu puisse rester assis aussi tranquillement comme il le fait et regarder si tranquillement le péché qui abonde autour d'eux. Comment se fait-il que toute l'âme ne brûle pas en nous d'un désir ardent d'être à l'œuvre pour Dieu ?

Parfois, c'est grâce au pouvoir du ministère. Il en fut ainsi de Zorobabel, dont on dit que le Seigneur éveilla son esprit. Le moyen employé dans son cas était la prédication des deux prophètes Aggée et Zacharie. Parfois, Dieu suscite de grands prédicateurs dont la fonction semble être de réveiller les nations. Tels étaient Whitfield et les Wesley. Tel était Luther au temps de la Réforme, tel était Aggée et Zacharie après le retour des captifs de Babylone. C'est par eux que le feu s'alluma dans l'âme de Zorobabel. Leurs paroles brûlantes remuèrent son esprit, et il se jeta avec un saint zèle au service du Seigneur.

Parfois, c'est par l'exemple et l'influence d'autrui, comme « le fer aiguise le fer ». [78a] Il n'y a rien de plus contagieux que le caractère. Il y a une certaine atmosphère qui entoure chacun de nous et elle a son influence sur tous ceux qui nous approchent. L'homme oisif rend les autres oisifs, l'homme corrompu rend les autres corrompus ; ainsi le saint homme gagne les autres à la sainteté, et l'homme enthousiaste chrétien réchauffera ceux qui entrent en contact avec lui.

Parfois, il le fait en remuant notre nid. C'est ce qu'Il a fait pour Israël en Egypte. Ils avaient commencé à s'installer satisfaits de leur captivité. Ils avaient leurs marmites, leurs melons et leurs concombres, et ils ne se souciaient pas d'être dérangés ; alors Dieu les a excités par l'oppression. C'est le processus décrit dans le chant de Moïse : « Comme un aigle remue son nid ». [78b] Les jeunes aigles, étant à l'aise dans leur nid, n'ont aucune envie de se lancer dans l'expérience inédite du vol. Ainsi, l'oiseau parent remue le nid et, par ce mouvement, l'oblige à bouger. N'est-ce pas souvent la même chose chez nous ? Nous aimons tellement nos nids, si enclins à nous installer tranquillement, oubliant ce qui est à venir. Alors Dieu, dans sa miséricorde, remue le nid. Le cœur est attristé, mais ce simple mouvement peut être l'instrument désigné par Dieu pour réveiller un nouvel espoir, un nouveau désir du second avènement et une dépendance jamais connue auparavant de sa propre grâce, de son amour et de sa parfaite suffisance.

Quel que soit le moyen utilisé par le Seigneur, nous ne devons jamais oublier qu'il s'agit de son propre acte divin de miséricorde et de grâce. Aucune vision du mal, aucune prédication, aucun exemple, aucun châtiment ne peuvent produire le résultat. C'est Dieu le Saint-Esprit qui remue l'esprit.

II. Considérez la nécessité de cette agitation parmi le peuple fidèle de Dieu.

On pourrait supposer que le peuple véritable et fidèle de Dieu n'en aurait pas besoin et qu'il serait irrésistiblement attiré par la puissance contraignante de l'amour du Christ. Mais ce n'est pas l'enseignement de l'Écriture, et je suis sûr que ce n'est pas la conclusion de l'expérience. Nous ne devons jamais oublier que les vierges sages se sont endormies. Il ne faut pas non plus perdre de vue ces paroles passionnantes adressées par saint Paul à ceux de Rome qu'il décrit comme « bien-aimés de Dieu et appelés à être saints » [79a] quand, dans la perspective du second avènement, il leur disait : , "Maintenant, il est grand temps de sortir du sommeil." [79b] N'étaient-ils pas, peut-on dire, déjà réveillés du sommeil ? N'avaient-ils pas été réveillés du sommeil de la mort et amenés à une nouvelle vie en Jésus-Christ ? Comment, alors, serait-il grand temps pour eux de se réveiller du sommeil ? N'étaient-ils pas déjà les « bien-aimés de Dieu » ?

Maintenant, cela nous amène exactement au point ; au grand besoin de l'agitation divine, même pour ceux qui ont déjà été éveillés à une nouvelle vie en Jésus-Christ. Tournez-vous vers le Cantique de Salomon et vous trouverez tout expliqué. Pouce. v. L'Époux est décrit comme rentrant chez lui la nuit et, frappant à la porte de sa maison, appelle l'Épouse intérieure et dit : « Ouvrez-moi ». [80] Maintenant, quel est son état d'esprit lorsqu'elle entend Son coup et écoute Sa voix ? "Je dors, mais mon cœur s'éveille." N'y a-t-il pas là la description exacte d'une vie chrétienne très courante ? Combien dorment encore, bien qu'ils entendent frapper et que leur cœur s'éveille ? Ils ne sont ni complètement endormis ni complètement éveillés. Ils sont suffisamment éveillés pour entendre la voix, mais trop endormis pour agir en conséquence. Mais nous ne pouvons pas nous contenter de cette condition moitié-moitié. L'Épouse du Cantique des Cantiques mit si longtemps à s'éveiller que lorsqu'elle le fit enfin, il était trop tard. Dans la ver. 6 elle raconte sa triste et triste histoire. «Je me suis ouvert à mon Bien-Aimé, mais mon Bien-Aimé s'était retiré et était parti.» Une telle description ne devrait-elle pas tous nous exciter ? On peut dire en toute vérité qu'Il se tient à nos propres portes, frappant et appelant. Le péché fait rage, l'erreur se propage, la misère abonde, l'enfer se remplit ; mais, grâce à Dieu, Jésus-Christ sauve, et son peuple élu dormira tranquillement, cherchant son propre confort et s'asseyant content, si seulement il peut nourrir une espérance bien fondée que le lourd fardeau de son propre péché a disparu. été effacé par son sang le plus précieux. « Réveillez, nous vous en supplions, Seigneur, les volontés de votre peuple fidèle. »

UN SERVICE VOLONTÉ

« Qui donc est prêt à consacrer aujourd'hui son service au Seigneur ? » — 1 CHRON . XXIX. 5.

L' occasion était très solennelle. Ce fut le dernier acte du règne de David. Il désirait depuis longtemps construire un temple pour la gloire de Dieu, mais il n'a pas été autorisé à réaliser son souhait. Il rassembla donc les matériaux nécessaires, et enfin, lorsqu'il se fut décidé à abdiquer en faveur de Salomon, il convoqua une assemblée et déclara Salomon, encore jeune et tendre, pour son successeur, puis lui remit les plans qui il s'était préparé pour le Temple et concluait par une charge solennelle. [81]

Ayant ainsi terminé ce qu'on peut appeler les affaires officielles de sa vie, le vieux roi se mit à s'adresser à la congrégation. Étudions quatre choses dans ce discours ; sa question, son action de grâce, sa prière et son dernier appel.

SA QUESTION

Il leur raconta comment il allait mourir et combien l'œuvre était grande, alors il leur posa une question qui pourrait bien être posée à chaque congrégation de chaque époque : « Qui donc est prêt à consacrer son service aujourd'hui au Seigneur ?

Or, on entend beaucoup de choses en ces jours de consécration. L'idée de la consécration n'est pas une chose nouvelle dans l'Église de Dieu, et je suis sûr que nous voulons davantage de son véritable esprit dans nos propres cœurs. Il existe une consécration du cœur et une consécration du service. La consécration du cœur est l'abandon de l'homme tout entier, avec ses affections, ses pouvoirs et sa forte volonté, au Seigneur. La consécration du service est le dévouement de toutes nos puissances actives à son œuvre. Quand David disait : « Je suis à toi », [82a] c'était la consécration du cœur, et quand Isaïe disait : « Me voici, envoie-moi », [82b] c'était la consécration du service. Or, c'est à la consécration du service que David faisait appel, et c'est de cette consécration pratique du service dont nous dépendons pour le travail dans une paroisse. Qui est prêt à consacrer son service ? Je ne peux pas percer les secrets des cœurs, mais je sais qui devrait le vouloir : tous ceux qui croient aux paroles de notre Bienheureux Sauveur : « Pour eux, je me consacre ». [82c] Est-ce que Lui, le Fils sans tache de Dieu, s'est consacré pour être le sacrifice expiatoire pour nous ? Et si nous croyons cela, pouvons-nous douter un instant de qui est prêt à lui consacrer son service ? Pécheur racheté, n'est-ce pas vous ? Croyant pardonné, n'est-ce pas vous ? Êtes-vous prêt à tomber à ses pieds et à dire : « Me voici ; laisse-moi être à toi. Voici ma compétence : utilisez-la. Voici mon intellect : utilisez-le. Voici mon pouvoir de parole : utilisez-le. Voici mon argent : utilisez-le. Voilà tout, tout ce que j'ai et tout ce que je suis : que tout cela t'appartienne et aide-moi à l'employer pour ta gloire » ?

SON ÉLOGE

La question de David tomba sur des cœurs bien disposés, et son appel reçut une merveilleuse réponse. De l'or, de l'argent et des pierres précieuses étaient versés dans le trésor, et le cœur bienveillant avec lequel tout était fait était magnifique. Cela n'a pas été fait à contrecœur ou par nécessité, mais avec un esprit heureux, joyeux et reconnaissant, de sorte que le cœur du vieil homme s'est réjoui et que « David le roi s'est réjoui d'une grande joie ». [83a] C'est cet esprit joyeux qui suscitait sa louange. Lorsqu'il vit le résultat béni de son appel, il ne l'attribua pas à son influence personnelle ou à son propre pouvoir de persuasion, mais il se leva et bénit le Seigneur. Il était trop vieux pour gouverner, mais il n'était pas trop vieux pour être loué. Ses dernières paroles depuis le trône furent celles de louange et de prière. Sa joie se transforma directement en action de grâces, et dans cette action de grâces deux principes ressortaient : il rendit toute la gloire à Dieu, et il se reconnut lui-même et son peuple totalement indignes du privilège sacré de cet heureux service. C'est la vraie vision du service et des dons. Lorsque Dieu nous appelle à travailler pour lui ou à donner pour lui, nous ne devons pas considérer cela comme un fardeau qui nous est imposé, mais comme un honneur auquel nous sommes invités, un honneur que les anges eux-mêmes pourraient convoiter. Tel était l'esprit de David lorsqu'il dit : « Que suis-je, et qu'est-ce que mon peuple, pour que nous puissions offrir si volontiers de cette sorte ? car tout vient de toi, et c'est de toi que nous t'avons donné. [83b] Et cela devrait être notre propre esprit dans tout service et dans tous les dons pour un tel Seigneur. Nous ne voulons pas le considérer comme un joug, une nécessité, une lourde tâche que Dieu nous impose ; mais comme un honneur, un privilège, un service heureux et affectueux du Roi des rois, dont le meilleur d'entre nous est tout à fait indigne.

SA PRIÈRE

Après un certain temps, ses louanges se sont transformées en prière. C'est exactement ce qui devrait être, car la louange doit encourager la prière, comme la prière doit toujours conduire à la louange. Ainsi, le cœur aimant doit aller et venir de l'un à l'autre, et les deux doivent être si mélangés que lorsque nous sommes engagés par l'un, l'autre ne doit jamais être hors de vue.

Observez la prière du v. 18, et rappelez-vous les circonstances. Ce fut un moment de merveilleux enthousiasme national au début d'une grande œuvre nationale. Leurs cœurs étaient remplis de joie et ils étaient prêts à tout. Maintenant, quel était le danger ? Quel serait le danger pour nous de nos jours ? Ne serait-ce pas une décadence, une disparition progressive de notre premier zèle, un refroidissement du premier amour comme il y en eut à Éphèse ? [84] Ce pour quoi David priait, c'était donc la continuité, ou la persévérance. En bref, il a prié contre la déclinaison de leur premier amour, car regardez ses paroles au v. 18. Pour « préparer », la lecture marginale est « établir ». Et maintenant, vous voyez le but de la prière : « Gardez ceci *pour toujours* dans l'imagination des pensées du cœur de votre peuple, et *affermissez* son cœur vers Toi. » Quel aperçu cela donne à la fois de notre danger et de notre espoir. Comment cela nous montre notre besoin d'être maintenus en vie dans notre premier amour et nous enseigne que nous ne devons pas nous fier aux privilèges de l'expérience passée, ni au fait de la consécration passée, mais que nous avons besoin de l'action perpétuelle du Saint-Esprit dans gardant sa grâce pour toujours dans l'imagination des pensées du cœur.

Et où doit-on chercher cette préservation ? N'apprenons-nous pas que nos cœurs sont comme des vases qui fuient, et que le croyant le plus brillant, le plus saint et le plus joyeux a besoin de la puissance quotidienne du Saint-Esprit, non seulement pour arrêter la fuite, mais pour remplir le vase ?

LE DERNIER APPEL

Le vieil homme termina sa prière. Il y parlait seul. Il était pour ainsi dire le porte-parole de son peuple. Mais cela ne suffisait pas. Il ne suffisait pas qu'il parle en leur nom, mais ils devaient louer Dieu pour eux-mêmes. Alors, ayant été dans la salle même de la présence de Dieu en prière, il sortit, pour ainsi dire, vers la multitude assemblée, et dit à la vaste foule : « Maintenant, bénissez l'Éternel, votre Dieu. » La louange était le point culminant de la transaction, et la louange était le dernier acte du règne de David.

Puisse-t-il maintenant vivre parmi nous l'esprit de cette journée remarquable. Suivez-le tout au long, souvenez-vous de la consécration, de la libéralité, de la joie, de la louange, de la prière et de l'explosion finale du culte de la congrégation. Que Dieu nous insuffle le même esprit. Qu'il y ait la même consécration de service, les mêmes offrandes volontaires, les mêmes louanges joyeuses et la même prière de reconnaissance pour une sainte persévérance jusqu'à la fin. Et pour conclure, ne puis-je pas vous dire ce que David a dit à l'assemblée : « Maintenant, bénissez l'Éternel, votre Dieu. »

N'ayez crainte

« Ne crains rien ; car je suis avec toi : ne sois pas consterné ; car je suis ton Dieu : je te fortifierai ; oui, je t'aiderai : oui, je te soutiendrai de la main droite de ma justice. » — ESAÏE . XLI. dix.

LORSQUE nous observons la fréquence à laquelle Dieu nous dit : « Ne craignez rien », nous pouvons être tout à fait sûrs qu'il y a beaucoup de choses dans la vie commune qui suscitent la peur. La récurrence fréquente de l'exhortation dans toutes les parties de l'Écriture nous enseigne que, tout au long de l'histoire biblique, il y a eu tout autour du peuple de Dieu ce qui, sans l'aide du Seigneur, aurait dû faire peur au cœur.

Vous observerez dans notre texte qu'Il ne nous ordonne pas de ne pas craindre parce qu'Il s'engage à écarter tout danger. Ce qu'Il dit, c'est que lorsque surgissent des choses qui peuvent à juste titre nous alarmer, nous n'avons pas besoin de craindre. « Ne crains rien, *car* je suis avec toi » (observe le « *pour* »). Si l'on veut vraiment vaincre la peur, ce doit être en gardant les yeux fixés sur Dieu et ses promesses.

Ce verset contient deux assurances et trois promesses ; des assurances de ce qu'il est pour nous maintenant et des promesses de ce qu'il s'engage à faire pour nous.

LES ASSURANCES

"Je suis avec toi." "Je suis ton Dieu." Il est intéressant d'observer comment les différentes parties de l'Écriture correspondent les unes aux autres. Ils sont tous inspirés par un seul Esprit et disent tous une seule vérité. Ainsi, lorsque je me tourne vers la description finale de la bénédiction de l'héritage céleste, je trouve exactement la même assurance : « Dieu lui-même sera avec eux et sera leur Dieu ». [87] Il ne promet pas d'être plus proche de son peuple, même dans le repos céleste, qu'il ne le déclare lui-même maintenant, alors que nous sommes au milieu de notre lutte sur terre. Il promet *alors* d'être avec nous et d'être notre Dieu, et il nous assure dans le texte qu'il est exactement le même *maintenant* .

Les paroles de l'assurance : « Je suis avec toi » impliquent à la fois la réconciliation et la camaraderie. Réconciliation, car Il n'est pas contre nous, mais avec nous. Non séparés par la barrière du péché non pardonné, mais si complètement réconciliés, la loi étant convaincue que toute barrière est brisée pour toujours, et qu'Il est entièrement de notre côté.

Compagnonnage, car en Père réconcilié et aimant, il ne quitte jamais un seul instant son enfant, de nuit comme de jour, dans la joie ou dans le chagrin ; en travail actif, ou en soumission tranquille ; dans le ministère à la maison ou dans le travail lointain des missions. Où que soit Son peuple et quelles que soient les circonstances, Il est avec lui comme son Père, son Ami, son Compagnon, son Aide, son Dieu.

Car Il dit aussi : « Je suis ton Dieu ». Il n'est pas seulement avec nous, mais avec nous dans toute la toute-puissance de Dieu. Un ami terrestre peut ne pas réussir à nous aider ; mais quand il est avec nous comme notre Dieu, il n'échouera jamais. Lorsqu'il dit : « Je suis ton Dieu », il veut clairement dire qu'il nous a choisis pour être son peuple, un peuple qui lui est particulier ; et que, ce faisant, il agit comme Dieu, en notre nom, gouvernant, guidant, préservant, sauvant et finalement rassemblant sa propre présence dans son royaume.

LES PROMESSES

(1) «Je te fortifierai.»

Quelle que soit la position qu'Il nous place, pour cela Il s'engage à nous donner la force nécessaire. S'Il nous appelle à nous taire et à souffrir, Il nous donnera la force de souffrir ; si pour sortir en son nom et travailler à son service, il donnera la force d'agir ; et dans le combat sacré que nous sommes tous appelés à mener contre le péché intérieur, la force de vaincre. Et vous devez remarquer que, lorsqu'Il promet de fortifier, Il décrit une puissance transmise. Il ne parle pas de lui-même comme agissant pour vous extérieurement, comme lorsqu'il vous considère comme juste ; mais en vous, vous conférant un pouvoir et vous permettant ainsi d'agir pour Lui. La promesse de Dieu dans les Écritures est qu'Il nous fortifiera ou, en d'autres termes, qu'Il nous communiquera un pouvoir d'action à Son service.

(2) «Je vais t'aider.»

La même leçon concernant l'activité de l'homme est enseignée lorsqu'il promet d'aider. Il y a une grande différence entre renforcer et aider. Renforcer est un travail intérieur, le don d'une puissance intérieure. Aider est un travail extérieur. Je peux aider un boiteux à marcher, mais je ne peux pas fortifier ses membres. Mais l'aide implique une activité de la part de ceux qui la reçoivent. Dieu ne nous aide pas à ne rien faire. Il nous aide à être patients, aimants, doux et de caractère. Il nous aide à être diligents et actifs à son service ; mais Il ne nous aide pas à rester assis et passifs. L'aide implique un effort. S'il nous fortifie par le Saint-Esprit dans l'homme intérieur, et s'il entreprend de nous aider dans chaque lutte contre le péché, c'est notre privilège d'accepter sa promesse et d'avancer, assurés de la victoire.

(3) «Je te soutiendrai.»

Ces mots semblent véhiculer l'idée de danger. Nous marchons dans des endroits glissants et avec des chutes effrayantes de toutes parts, de sorte que nous avons besoin non seulement d'un œil clair pour nous guider, mais d'une main forte pour nous retenir. À chaque étape de notre chemin, nous avons besoin d'être soutenus. À chaque instant de notre vie, nous avons besoin d'être soutenus par quelqu'un qui voit tous nos dangers, qui connaît parfaitement le chemin, qui peut nous tenir avec une poigne si forte que rien ne peut nous arracher de sa main et qui, selon selon le langage de saint Jude, est « capable de nous empêcher de tomber ». [89a]

C'est cette préservation perpétuelle et définitive qui nous est assurée dans la troisième promesse ; et je voudrais que vous remarquiez tout particulièrement que ce n'est pas avec la droite de sa miséricorde, ni avec la droite de son amour, ni avec sa compassion, ni même avec sa puissance, mais avec la droite de sa justice. Et pourquoi est-ce ? Parce que cette grâce est le résultat de l'alliance. Par cette alliance, son peuple est donné au Seigneur Jésus afin qu'il soit sauvé. En accomplissant cette alliance, il a versé son sang le plus précieux pour nous, afin d'expier nos péchés. Et le résultat est que, de même que, selon saint Jean, « Il est fidèle et juste pour nous pardonner nos péchés », de même il est fidèle et juste pour nous soutenir contre une chute.

Mais là, je le sais, une question va se poser. C'est la promesse de Dieu, mais est-elle jamais réalisée ? C'est très beau dans l'Écriture, mais le rencontrons-nous dans la vie pratique ? Ces dons de Dieu sont-ils vraiment donnés ? Cette présence de Dieu est-elle réellement manifestée ? ce pouvoir de maintien a-t-il vraiment été vécu ? Considérons ces cinq points et voyons.

"Je suis avec toi." Est-ce que cela a été vécu concrètement ? Regardez les paroles de David dans la perspective de son heure de mort : « Tu es avec moi » [90a] et, encore une fois, « Ô Dieu, tu es mon Dieu ». [90b]

«Je vais te fortifier.» Rappelez-vous comment Daniel réalisa son accomplissement lorsqu'il dit : « Que mon Seigneur parle ; car tu m'as fortifié. [90c]

"Je vais t'aider." Souvenez-vous des paroles de David : « Mon cœur s'est confié en lui et je suis secouru. » [90j]

"Je te soutiendrai." Mais nous soutiendra-t-il vraiment à travers les épreuves et les tentations ? Nous maintiendra-t-il vraiment fermement dans la main droite de sa justice, et cela lorsque notre foi est faible ? Tournons-nous vers l'expérience d'Asaph. Il dit de lui-même : « Quant à moi, mes pieds avaient presque disparu ; mes pas avaient presque glissé. [90e] Mais maintenant, regarde le bras qui soutient. « Néanmoins, je suis continuellement avec toi : tu m'as tenu par ma main droite. » [90f] Ainsi donc, cette promesse a été pratiquement tenue. Dieu a été fidèle à sa parole, et les hommes l'ont trouvé tel. Sa vérité n'a jamais failli, et va-t-Il nous laisser tomber ? Va-t-il faire échouer le plus faible d'entre nous ? Cessera-t-il de soutenir son peuple ? Faisons-Lui confiance. Nous n'en sommes pas dignes. S'il nous avait traités comme nous le méritons, il nous aurait rejetés depuis longtemps. Mais Il ne nous a pas traités comme nous le méritions. Il nous a aimés et nous a lavés de nos péchés dans son propre sang, afin que nous puissions lui faire confiance et tout laisser entre ses soins ; et de cela nous pouvons être parfaitement assurés que le bras fort ne cédera jamais.

LE PRÉSENT ET LE FUTUR

« Tu prépares une table devant moi en présence de mes ennemis : tu oins ma tête d'huile ; ma coupe déborde.

« Assurément, la bonté et la miséricorde m'accompagneront tous les jours de ma vie ; et j'habiterai pour toujours dans la maison du Seigneur. » — PSAUME 177 : XXII. 5, 6.

C'EST une chose très agréable de pouvoir dire « Sûrement » lorsque nous regardons vers l'avenir. Or, cette certitude pour l'avenir dépend de notre relation actuelle avec Dieu, et la confiance exprimée au verset 6 est le résultat béni des dons indiciblement précieux décrits dans les versets précédents du Psaume. Cela dépend du lien entre le présent et le futur, lien résultant de l'immuabilité du caractère de Dieu. Afin donc de comprendre le dernier verset qui concerne le futur, étudions celui qui le précède et qui décrit le présent. Nous pouvons ainsi combiner le présent et le futur, et je pense que le résultat sera ce que notre Église décrit comme une « espérance sûre et certaine ».

LE PRÉSENT

Comme je viens de le dire, notre confiance dans l'avenir dépend de notre relation actuelle avec Dieu ; et, en conséquence, le Psaume s'ouvre sur les mots : « L'Éternel est mon berger ». La relation sainte entre le berger et le troupeau est décrite comme étant déjà établie et reconnue par les deux parties, et tout ce qui suit est le résultat de cette relation. Nous n'avons pas le temps d'étudier tout le Psaume ; mais regardez les trois résultats qui nous sont enseignés au verset 5.

I. TOUS LES DÉSIRS SONT SATISFAITS .

Même s'il y a des ennemis, ils ne peuvent pas interférer avec l'approvisionnement complet et sûr que Dieu a prévu pour son serviteur. Lorsqu'il arrivera à la fin de son voyage, il découvrira que le Seigneur a préparé un lieu pour son repos ; et maintenant qu'il est au milieu de tout cela, il peut se réjouir du fait que le même Sauveur très béni a préparé une table pour son approvisionnement quotidien.

Cela fait sans aucun doute référence à nos besoins quotidiens et décrit l'accomplissement de notre supplication dans le Notre Père. Nous prions jour après jour : « Donnez-nous aujourd'hui notre pain quotidien » ; et quand on entre vraiment dans l'esprit de ce Psaume, on dit même que la prière est exaucée, le pain fourni et la table dressée.

Et ne pouvons-nous pas l'appliquer encore davantage au pain de vie ? N'est-ce pas notre privilège sacré, quand l'âme a faim, de se nourrir même de Lui ;

quand l'âme a soif, pour boire au fleuve pur de l'eau de la vie ? Et n'y en a-t-il pas beaucoup parmi nous qui connaissent, par leur propre expérience, la vérité de la promesse : « Ils seront abondamment satisfaits ? » [92]

II. L'Esprit est rafraîchi .

Ceci est enseigné dans les mots : « Tu oins ma tête d'huile ». Les mots font référence à la coutume d'oindre l'homme fatigué avec de la pommade ou de l'huile. On en versait tantôt sur les pieds, tantôt sur la tête. Le but dans les deux cas était le même, à savoir un rafraîchissement ; et nous devons sûrement reconnaître avec reconnaissance que notre Père céleste ne nous donne pas seulement le strict nécessaire de l'existence, mais adoucit, rafraîchit et réjouit l'esprit. Il ne prépare pas seulement la table, mais la joie. «Il nous donne abondamment toutes choses dont nous pouvons jouir.» [93a]

III. La Coupe Déborde .

Les miséricordes sont si riches, la grâce si abondante, la bonté de cœur si généreuse, la source vivante si gratuite, que la petite coupe de la capacité humaine ne peut pas tout contenir et déborde. Dieu décrit son peuple comme étant non seulement satisfait, mais abondamment satisfait ; et parle du Saint-Esprit comme non seulement accordé, mais comme « répandu sur nous en abondance ». [93b] Pourquoi donc nous contentons-nous d'un peu d'eau à peine perceptible au fond de notre petite tasse ? Étienne était « rempli de foi et du Saint-Esprit » [93c] et il nous est dit d'être « remplis de l'Esprit » ; Pourquoi donc se contenter de quelques gouttes seulement dans notre propre âme, alors qu'il existe un fleuve large et profond de l'eau de la vie, capable de remplir jusqu'à déborder tous les récipients qui peuvent être trouvés pour recevoir l'approvisionnement gratuit ? Pourquoi ne réalisons-nous pas davantage la vérité de la promesse : « Ouvre grande ta bouche, et je la remplirai » ? [93c]

Voilà donc pour le présent. Une table préparée, une tête ointe, une coupe qui déborde. Ce sont des dons présents, des privilèges présents et indescriptibles de ceux dont la joie est de pouvoir dire : « Le Seigneur est mon berger ».

L'AVENIR

Passons au futur comme enseigné au verset 6. Nous pouvons observer deux choses :

I. L'ASSURANCE .

"Certes, la bonté et la miséricorde m'accompagneront tous les jours de ma vie." L'idée semble être que, dans la poésie de ce beau Psaume, la Bonté et la Miséricorde sont représentées comme deux personnes, tout comme nous trouvons d'abord la Miséricorde et la Vérité comme deux personnes se rencontrant dans le Christ Jésus, puis la Justice et la Paix, deux autres personnes. personnes, s'embrassant en Lui. [94a] Nous avons donc ici les deux personnes : la Bonté, porteuse de tous les dons qui peuvent éventuellement être requis, et la Miséricorde s'occupant très gracieusement même du péché ; les deux suivant le serviteur du Seigneur, et ne le quittant jamais jusqu'au bout. Et vous remarquerez peut-être qu'ils le *suivent*, de sorte qu'il ne les voit pas toujours, et peut-être même qu'il ne sache pas qu'ils sont là. Il peut parfois s'imaginer qu'il est abandonné et seul, mais il se trompe étrangement, car la Bonté et la Miséricorde sont à ses côtés, l'une pour subvenir à ses besoins, et l'autre pour s'occuper avec grâce même de son péché.

Si nous sommes en Jésus-Christ, nous pouvons être aussi sûrs de l'avenir que du passé. Nous pouvons être parfaitement certains de la véracité des paroles du Bon Pasteur : « Ils ne périront jamais et personne ne les arrachera de ma main. » [94b] Cette promesse est si sûre qu'elle ne peut jamais faillir, cette main si forte que toutes les puissances de l'enfer ne peuvent arracher de son étreinte le plus faible des petits, ce cœur si vrai que nous pouvons être parfaitement sûrs qu'Il n'abandonnera jamais celui que Il a été appelé par le Saint-Esprit à communier avec lui-même.

II. LA DETERMINATION .

«J'habiterai pour toujours dans la maison du Seigneur.» David prenait plaisir à la maison de Dieu ; et il est clair que nous devons expliquer ces mots comme faisant référence au saint culte du sanctuaire. Mais pour entrer dans le plein esprit du passage, nous devons nous élever de l'Église sur terre jusqu'au sanctuaire céleste ; à la demeure céleste et à la chambre de présence de Dieu. Là, en effet, est la table dressée, là est l'huile d'onction, là la coupe déborde ; et maintenant, pour le reste de notre pèlerinage, même si le voyage peut se faire à travers la vallée de Baca, [95a] même si parfois l'âme peut être courbée, et cela même lorsque le cœur est fixé, mais au milieu de tout cela , et à travers tout cela, nous pouvons vivre dans une étroite intimité avec Lui. Nous pouvons nous reposer tranquillement dans Son amour, nous pouvons demeurer en Lui et Lui en nous ; et tandis qu'Il donne la gracieuse promesse : « Celui qui vient à moi, je ne le *chasserai* en aucun cas », [95b] nous pouvons décider, Dieu nous aidant, que nous ne *sortirons jamais* , et que, jusqu'au dernier jour de notre vie, vies, nous nous accrocherons fermement à Lui jusqu'à ce qu'enfin le voile soit retiré et que la demeure céleste s'ouvre devant nous, et que nous réalisions ce que signifie, dans le sens le plus élevé possible, « habiter pour toujours dans la maison du Seigneur ». .»

LA FIN

NOTES DE BAS DE PAGE

[5] 2 Sam. XII. 13.

[6] Psaume. li. 13.

[7] Psaume. cxlviii. 14.

[8a] Exode. XV. 1.

[8b] Psaume. xl. 2, 3.

[8c] Rév. vii. 10, 14.

[8d] Ésaïe. lx. 18.

[9a] Psaume. cxliii. 9.

[9b] Actes XVI. 25, VR

[13] Saint Luc XIX. dix.

[15] Rév. XXII. 17.

[17] 2 Pierre I. 3.

[18a] 2 Pierre Ier. 3.

[18b] Saint-Jean x. 28.

[20a] Rom. iii. 25.

[20b] 2 Cor. v.21.

[20c] 1 Cor. je. 30.

[20d] Saint-Jean c. 28.

[21] Saint Jude 3.

[26] Éph. ii. 4, 5.

[27a] Gal. v.22.

[27b] Rom. XV. 13.

[28a] 2 Cor. v.1.

[28b] Saint Luc ii. 26.

[29a] Phil. je. 23.

[29b] 2 Tim. iv. 6.

[30a] Phil. je. 23.

[30b] 2 Tim. je. 12.

[31a] Psaume. XXII. 4.

[31b] Saint Luc XIX. 9.

[32a] 1 Pierre Ier. 8.

[32b] Nombre. XXIV. 17.

[34a] Ésaïe. xxxii. 2.

[34b] Psaume. xxxii. 7.

[34c] Col. iii. 3.

[34d] 1 Jean v. 12.

[35] Gal. ii. 20.

[37] 2 Cor. v.15.

[38] Saint-Jean i. 26.

[39a] Saint-Jean iii. 34.

[39b] Colonne ii. 9.

[39c] Actes x. 38.

[40] Actes ii, 3, 4.

[41a] Phil. iv. 19.

[41b] Travail. XLII. 6.

[42] Héb. X. 20.

[44a] Actes XIII. 34.

[44b] Saint Jean XVIII. 37.

[44c] Rév. 5.

[44d] Psaume. xxxv. 3.

[45a] 1 Jean v. 10.

[45b] Saint-Jean x. 3.

[45c] Ésaïe. xliv. dix.

[46a] Ésaïe. XLII. 16.

[46b] Psaume. xxxi. 3.

[46c] Psaume. cxix. 117.

[46d] Psaume. XXV. 4.

[47a] Psaume. xxiii 4.

[47b] Éph. je. 22.

[47c] Rév. XVII. 14.

[48a] Rév. XVII. 14.

[48b] Actes ix. 6.

[51] Néh. iv. 6.

[52a] Néh. iv. 4.

[52b] Saint Matthieu. xxvi. 41.

[53] Néh. iv. 15.

[55a] 2 Pi. iii. 18.

[55b] Rom. iv. 24, 25.

[56] Rom. XI. 20.

[59a] Actes XIII. 2.

[59b] Éph. iv. 16.

[60a] 1 Sam. iii. 19.

[60b] Mal. iii. 17.

[60c] Ps. cxxvii. 1.

[61] Éph. ii. dix.

[63a] Ésaïe. xxviii. 16.

[63b] 1 Jean iv. 16.

[64] Héb. XIII. 8.

[65a] Psaume. lxiii. 1.

[65b] Sam. XVII. 37.

[66] 1 Thess. iv. 13, 14.

[67a] 1 Thess. iv. 17.

[67b] Phil. iv. 4, 5.

[67c] 1 Cor. vii. 29.

[68a] Rom. XIII. 11.

[68b] Saint Matthieu. XXV. 6.

[68c] Saint Luc XXI. 25.

[69a] Saint Luc XXI. 26.

[69b] Saint Luc XXI. 28.

[69c] Saint Luc XXI. 27.

[71] Héb. X. 20.

[72a] Éph. ii. 14.

[72b] Actes XIII. 7.

[72c] Actes XIV. 1.

[73] Actes XIII. 52.

[74a] Actes XV. 4-12.

[74b] Saint Matthieu. xxviii. 20.

[74c] Actes XVI. 14.

[75] 1 Cor. iii. 6.

[76a] Actes XII. 7.

[76b] Ésaïe. lxiv. 7.

[77a] Phil. ii. 12.

[77b] Actes XVII. 16.

[78a] Prov. xxvii. 17.

[78b] Deut. xxxii. 11.

[79a] Rom. je. 7.

[79b] Rom. XIII. 11.

[80] Cant v.2.

[81] 1 Chron. xxviii. 20.

[82a] Psaume. cxix. 94.

[82b] Ésaïe vi. 8.

[82c] Saint Jean XVII. 19, marge RV.

[83a] 1 Chron. XXIX. 9.

[83b] 1 Chron. XXIX. 14.

[84] Rév. ii. 4.

[87] Rév. XXI. 3.

[89a] Saint Jude 24.

[89b] 1 Jean I. 9.

[90a] Psaume. XXII. 4.

[90b] Psaume. lxiii. 1.

[90c] Dan. X. 19.

[90d] Psaume. xxviii. 7.

[90e] Psaume. lxxiii. 2.

[90f] Psaume. lxxiii. 23.

[92] Ps. xxxvi. 8.

[93a] 1 Tim. vi. 17.

[93b] Tite III. 6.

[93c] Actes vi. 5.

[93d] Éph. v.18.

[93e] Psaume. lxxxi. dix.

[94a] Psaume. lxxxv. dix.

[94b] Saint-Jean x. 28.

[95a] Psaume. lxxxiv. 6, Cp. VR

[95b] Saint Jean vi. 37.

www.ingramcontent.com/pod-product-compliance
Lightning Source LLC
LaVergne TN
LVHW091218180726
843490LV00007B/2815